▶目からウロコの

公益法人
100問 100答
制度・会計・税務

改訂版

著 公認会計士・税理士 中村元彦 | 公認会計士・税理士 中村友理香 | 税理士 寺内正幸

税務経理協会

本書の発刊にあたって

　平成20年12月1日から施行された新公益法人制度は，本改訂版発刊の時点で既に6年超を経過しました。新公益法人制度は110年ぶりの公益法人制度の大改革と言われましたが，5年間の移行期間も平成25年11月30日をもち，終了となりました。旧民法法人は約24,000法人ありましたが，基本的には，公益社団法人・財団法人（約9,000）もしくは一般社団法人・財団法人（約11,500）を選択し，その他は解散・合併（約3,500）の道を選択しました。また，旧公益法人制度は主務官庁制のため，法人の新規設立が難しいと言われていましたが，新制度では登記により簡単に法人の設立が可能となったため，新規設立法人数は増加しています。なお，寄附優遇税制を受ける法人数は，内閣府によると旧公益法人制度の10倍以上になっています。

　この新公益法人制度で避けて通れないものとして，会計と税務の問題があります。まず会計ですが，公益社団法人・財団法人及び旧公益法人から移行し公益目的支出計画の実施期間中である一般社団法人・財団法人については，平成20年公益法人会計基準が一般的に利用されています（内閣府の調査では約94％）。その他の法人は，会計基準の定めがないため，法人の実態に合わせて会計基準が選択されています。平成20年公益法人会計基準は行政庁への提出書類との関連が強く，結果的には税務上の優遇とつながっていますので，作成された結果は，収支相償等の財務三基準の検討に利用できる反面，作成が大変であるとの声を耳にします。

　次に税務ですが，公益社団法人・財団法人は，収支相償との関連で，公益目的事業であれば税務上の収益事業であったとしても課税されないという画期的

はしがき

な税制優遇が認められています。反面，消費税は課税対象ですので，一定規模を超えると課税事業者となり，実務担当者を悩ます，特定収入など特有の問題が生じます。一般社団法人・一般財団法人でも，法人税法上の非営利型と非営利型以外では取扱いが異なりますので，どちらを選択するのかは重要となります。このほかに源泉所得税や住民税の均等割免除の問題など，税務面では多くの対応が必要となってきます。

　平成20年11月に初版を出版しましたが，移行期間が終了し，本年3月に公益等認定委員会公益法人の会計に関する研究会から「公益法人の会計に関する諸課題の検討状況について」が公表されたことも受けて，改訂版を発刊することになりました。初版と同じく，対象者として公益法人の役員や職員の方等，会計や税務に詳しくない方でも読んでいただけることを意識しています。また，初版と同様にQ&A方式を採用し，気になる部分だけでも読めるようにしています。制度・会計・税務の入門書といいつつも，重要な部分は深掘りしており，かつ，最新の情報を取り込んでおり，経理担当者にとっても役立つ内容であると考えております。

　公益法人制度・会計・税務への対応に本書が少しでも役立つことを願ってやみません。

　最後に，改訂の機会を与えてくださった税務経理協会編集部の皆様には，改めて厚く感謝と御礼を申し上げます。

平成27年5月

著者代表

中　村　元　彦

目 次

本書の発刊にあたって

用 語 集

1 制 度 編

Q1 社団法人と財団法人との違いについて教えてください ……………3
Q2 公益法人（社団法人・財団法人）の制度の概要と税制（法人税）との関係を教えてください ……………………………………………5
Q3 一般社団・財団法人のポイントと機関を教えてください …………7
Q4 一般社団・財団法人から公益社団・財団法人へ移行する際にはどのような事項がポイントとなりますか？ ……………………… 10
Q5 公益目的事業とは何ですか？ ………………………………………… 13
Q6 収支相償とは何ですか？ ……………………………………………… 16
Q7 収支相償の成立が難しそうです。どのように対応したらよいですか？ …………………………………………………………………… 18
Q8 公益認定を得るためには公益目的事業費率が50％以上であると見込まれることが要件となっていますが，この比率はどのように求めるのですか？ ………………………………………………… 20
Q9 遊休財産額及びその保有の制限を教えてください ……………… 22
Q10 特定費用準備資金と資産取得資金とはどのように違うのですか？ …………………………………………………………………… 24
Q11 遊休財産額が予想以上に増加している場合の対応方法を教えてください ………………………………………………………………… 26

1

目　次

- **Q12** 公益目的事業財産とは何ですか？ ……………………………… 29
- **Q13** 公益認定を受けるに際しての欠格事由とは何ですか？ …………… 31
- **Q14** 公益認定の要件となっている経理的基礎及び技術的能力とは何ですか？ ……………………………………………………………… 34
- **Q15** 移行法人において公益目的支出計画が予定通りに進まない場合にはどうしたらよいですか？ ……………………………………… 36
- **Q16** 変更認定申請はどのような場合に提出するのですか？ …………… 38
- **Q17** 変更認可申請はどのような場合に提出するのですか？ …………… 40
- **Q18** 理事会，評議員会において代理人を出席させることは可能ですか？ また，書面投票や電子投票はどうですか？ ……………… 41
- **Q19** 社員総会はどのように開催しますか？ ……………………………… 43
- **Q20** 評議員会はどのように開催しますか？ ……………………………… 45
- **Q21** 役員等の損害賠償責任とその免除について教えてください ……… 47
- **Q22** 役員の責任の具体例について教えてください ……………………… 49
- **Q23** 理事会の決議の省略，報告の省略はどのように行うのですか？ …… 51
- **Q24** 現在法人格のない団体ですが，今後一般社団・財団法人になることはできますか？ …………………………………………………… 54
- **Q25** 平成27年3月に公表された「公益法人の会計に関する諸課題の検討状況について」のポイントを教えてください ………………… 55

2　会　計　編

- **Q1** 公益法人の会計を理解する上で目を通しておくべき資料には何がありますか？ …………………………………………………………… 61
- **Q2** 公益法人会計基準（平成20年改正基準）は平成16年に改正された基準とどのように違うのですか？ …………………………………… 62
- **Q3** 平成20年会計基準と平成16年会計基準とでは財務諸表の定義がどのように違うのですか？ …………………………………………… 64

目　次

- **Q4**　平成20年会計基準では会計区分が変わったと聞きましたが，何が変わったのですか？ …………………………………………………… 66
- **Q5**　平成20年会計基準では，財産目録の記載内容が変わったと聞きましたが，どのように変わったのですか？ ……………………………… 70
- **Q6**　附属明細書とは何ですか？ ……………………………………… 73
- **Q7**　社団法人の基金とは何ですか？ ………………………………… 75
- **Q8**　公益社団・財団法人，一般社団・財団法人（移行法人）は各々どの会計基準を適用すればよいのでしょうか？ ………………… 77
- **Q9**　公益社団・公益財団法人はどういう書類を作成し，備え置かなければならないのでしょうか？ ………………………………… 79
- **Q10**　一般社団・一般財団法人はどういう書類を作成し，備え置かなければならないのでしょうか？ ………………………………… 80
- **Q11**　貸借対照表とは何ですか？ ……………………………………… 81
- **Q12**　正味財産増減計算書とは何ですか？ …………………………… 82
- **Q13**　キャッシュ・フロー計算書について教えてください ………… 83
- **Q14**　基本財産とは何ですか？ ………………………………………… 84
- **Q15**　基本財産が減少することもあるのですか？ …………………… 85
- **Q16**　特定資産とはどのようなものですか？ ………………………… 86
- **Q17**　基本財産と特定資産との違いを教えてください ……………… 87
- **Q18**　基本財産，特定資産と指定正味財産，一般正味財産との関係を教えてください ……………………………………………………… 88
- **Q19**　有価証券の分類，評価方法について教えてください ………… 90
- **Q20**　外貨建有価証券の決算時の会計処理を教えてください ……… 92
- **Q21**　有価証券の市場価格並びに時価とは何ですか？ ……………… 94
- **Q22**　投資有価証券評価損益は正味財産増減計算書においてどこに記載するのですか？ ……………………………………………………… 96

目　次

Q23　「資産の時価が著しく下落したときは，回復の見込みがあると認められる場合を除き，時価をもって貸借対照表価額としなければならない」と会計基準にありますが，有価証券の場合には具体的にどういう状態の時にどのようにすればよいのでしょうか？ …… 98

Q24　指定正味財産を財源とする寄附によって受け入れた満期保有目的の債券（基本財産）について償却原価法を適用する場合の会計処理を教えてください ………………………………………………… 99

Q25　重要な会計方針として有価証券の評価基準及び評価方法を記載する場合の注記例を教えてください ……………………………102

Q26　使途を指定された寄附金等により取得した株式，債券及び不動産等について，評価損が発生することにより指定正味財産が減少する場合がありますが，この場合の会計処理はどのようになるのですか？ ……………………………………………………………103

Q27　賞与引当金の計上について教えてください ………………………105

Q28　退職給付会計について教えてください ……………………………107

Q29　退職給付会計にかかる財務諸表の注記の方法について教えてください ……………………………………………………………109

Q30　役員退職慰労引当金は計上する必要がありますか？ ……………111

Q31　財務諸表の注記事項にある関連当事者とは何ですか？ …………113

Q32　注記の対象となる関連当事者との取引内容はどのようなものですか？ ……………………………………………………………114

Q33　税効果会計について教えてください ………………………………117

Q34　固定資産の減損について教えてください …………………………121

Q35　減損処理後の会計処理及び財務諸表における開示方法を教えてください ……………………………………………………………123

Q36　リース取引について教えてください ………………………………125

Q37　リース取引の会計処理について教えてください …………………127

4

- Q38 公益認定の申請書の添付資料として収支予算書とありますが，これは資金収支予算書のことですか？ …………………………129
- Q39 資金収支計算書の位置付けについて教えてください ……………131

3 税 務 編

- Q1 公益法人と法人税との関係はどのようになっていますか？ ………135
- Q2 非営利型一般法人となるための要件はどのようなものですか？ …138
- Q3 法人区分の異動があった場合の注意点は何ですか？ ……………140
- Q4 法人税法における収益事業とは何のことでしょうか？ ……………143
- Q5 収益事業と区分経理とは何のことでしょうか？ ……………………145
- Q6 実費弁償方式とは何のことでしょうか？ ……………………………146
- Q7 みなし寄附金とは何ですか？ …………………………………………147
- Q8 補助金の取扱いはどのようになっていますか？ ……………………151
- Q9 固定資産譲渡益課税の取扱いはどのようになっていますか？ ……153
- Q10 固定資産の評価損の税務上の取扱いはどのようになっていますか？ ……………………………………………………………………154
- Q11 運用益に対する課税はどのようになっていますか？ ………………155
- Q12 法人税法上の引当金の取扱いはどのようになっていますか？ ……157
- Q13 法人が公益社団・財団法人に寄附した場合の取扱いはどのようになっていますか？ ………………………………………………159
- Q14 個人が公益法人に寄附した場合の取扱いはどのようになっていますか？ ……………………………………………………………162
- Q15 個人が金銭ではなく不動産や株式を公益法人等に寄附した場合の取扱いはどのようになっていますか？ ………………………165
- Q16 相続人が相続財産を公益法人に対して寄附した場合の取扱いはどのようになっていますか？ ……………………………………166

目　次

Q17　公益法人が寄附金の税額控除の証明を受けるにはどのような手続きが必要ですか？……………………………………………………168

Q18　法人税法上の収益事業を行っていませんが，消費税を納付する必要はあるのですか？………………………………………………172

Q19　消費税はどのように計算されるのですか？……………………………176

Q20　消費税の課税対象となる取引の概要について教えてください……178

Q21　非課税取引とはどのような取引ですか？………………………………181

Q22　免税とされる取引はどのような取引ですか？…………………………183

Q23　一般課税方式による消費税等の計算手順の概要を教えてください……………………………………………………………………185

Q24　課税仕入れとは何ですか？………………………………………………187

Q25　仕入税額控除を受けるための要件は何かありますか？……………189

Q26　一般課税方式における仕入税額控除の概要はどのようになっていますか？…………………………………………………………………191

Q27　特定収入とは何ですか？…………………………………………………195

Q28　特定収入がある場合の消費税額の計算はどのように行うのですか？……………………………………………………………………197

Q29　特定収入に該当しない寄附金とするための確認申請はどのように行うのですか？………………………………………………………200

Q30　簡易課税方式とは何ですか？……………………………………………202

Q31　簡易課税方式適用上の注意点は何ですか？…………………………204

Q32　簡易課税方式におけるみなし仕入率とは何ですか？………………206

Q33　簡易課税制度の事業区分はどのように判断するのですか？………207

Q34　消費税の申告納付制度はどのようになっていますか？……………210

Q35　源泉徴収制度とは何ですか？……………………………………………213

Q36　印紙税について教えてください…………………………………………216

参 考 資 料

- 公益法人の会計に関する諸課題の検討状況について ……………221
- 移行後の法人の業務運営と監督について …………………………249
- 公益法人の各機関の役割と責任 ……………………………………267
- 事例から学ぶ財産管理 ………………………………………………283

■ 用　語　集 ■

用　語	ふりがな	説　明
移行	いこう	公益社団法人・公益財団法人への移行及び一般社団法人・一般財団法人への移行。
移行法人	いこうほうじん	特例民法法人からの移行の登記をした一般社団・財団法人であって公益目的支出計画の実施が完了したことの確認を受けていないもの。
一般社団・財団法人	いっぱんしゃだん・ざいだんほうじん	一般社団法人及び一般財団法人のこと。
ガイドライン		公益認定等に関する運用について（公益認定等ガイドライン）のこと。平成20年4月11日第34回公益認定等委員会にて決定された。
旧主務官庁	きゅうしゅむかんちょう	整備法第95条により特例民法法人の業務の監督を行う行政機関。具体的には国の主務官庁とその地方支分部局，都道府県知事及び都道府県教育委員会。
継続事業	けいぞくじぎょう	移行法人が行う不特定かつ多数の者の利益の増進に寄与する目的に関する事業のうち，移行の認可を受ける前から継続して行っているもの（公益目的事業を除く。）。
公益資産取得資金	こうえきしさんしゅとくしきん	公益目的保有財産並びに公益目的事業を行うために必要な収益事業等その他の業務又は活動の用に供する財産の取得又は改良に充てるために保有する資金（認定法施行規則22条）。

I

用語集

用　　語	ふりがな	説　　明
公益社団・財団法人	こうえきしゃだん・ざいだんほうじん	公益社団法人及び公益財団法人のこと。
公益目的財産額	こうえきもくてきざいさんがく	公益目的財産額とは，特例民法法人が一般社団・財団法人へ移行認可を受ける際，公益目的支出計画を立て公益目的のために消費する必要のある財産額。 具体的な算式は， （BSの正味財産の部に計上すべき金額）＋（時価評価資産の時価が帳簿価額を超える場合のその超える金額）－（時価評価資産の帳簿価額が時価を超える場合のその超える金額）－（支出又は保全が義務付けられていると認められるものの金額）－（基金の額）
公益目的事業財産	こうえきもくてきじぎょうざいさん	公益社団・財団法人の財産のうち，公益目的のために消費されるべき財産。例えば，公益目的事業のために受けた寄附金や，収益事業から得られた収益の半分以上などがこれに該当します。
公益目的支出計画	こうえきもくてきししゅつけいかく	一般社団・財団法人に移行しようとする特例民法法人が，移行の時点での純資産額を基礎として算定した額（公益目的財産額）に相当する金額を公益の目的のために支出することにより零とするための計画。
公益目的保有財産	こうえきもくてきほゆうざいさん	公益目的事業を実施するために保有している財産。公益目的事業財産の一部を構成します。
実施事業	じっしじぎょう	整備法第119条第2項第1号イ及びハに定める公益目的事業及び継続事業。
実施事業等	じっしじぎょうとう	実施事業に整備法第119条第2項第1号ロの特例寄附を加えたもの。
収益事業等	しゅうえきじぎょうとう	公益目的事業以外の事業。収益事業及び公益事業等。

用 語 集

用　　　語	ふ　り　が　な	説　　　明
収支相償	しゅうしそうしょう	公益社団・財団法人は，公益目的事業に係る収入の額がその事業に必要な適正な費用を償う額を超えてはならないことを指します（認定法5条6号）。この収支相償については，2段階で判定を行います。 第1段階：公益目的事業単位でそれぞれの事業の経常収益と経常費用を比較します。 第2段階：第1段階で計算した収支に加え，その他の公益に係る費用と収入を合計し，公益全体の収支を比較します。
チェックポイント		公益目的事業のチェックポイント。「公益認定等に関する運用について（公益認定等ガイドライン）」の参考として平成20年4月11日第34回公益認定等委員会にて決定。
特定費用準備資金	とくていひようじゅんびしきん	将来の特定の活動の実施のために特別に支出する費用に充てるために保有する資金（認定法施行規則18条）。
特例民法法人	とくれいみんぽうほうじん	本年12月1日の新制度施行日以後，公益社団・財団法人又は一般社団・財団法人への移行の登記をするまでの間の旧民法法人の呼び名。
遊休財産額	ゆうきゅうざいさんがく	法人の純資産に計上された額のうち，具体的な使途の定まっていない財産。保有の上限額が定まっており，1年分の公益目的事業費相当額を超えてはなりません。

1

制 度 編

QAの記載内容は，平成27年3月27日現在公表されている資料に基づいて記載しています。

Q1 社団法人と財団法人との違いについて教えてください

A 社団法人とは、人（社員）の集まりに対して法人格が付与されており、財団法人とは、拠出された財産に対し法人格が付与されています。

社 団 法 人

　社団法人とは、一定の目的のために集まった人々（＝社員）からなる集合体に対して法人格を付与し、権利義務の主体となることができるようにしたものです。

　「一般社団法人及び一般財団法人に関する法律（以下「法人法」という）」に基づいて設立され、設立の登記を行うことによって成立します。ちなみに、登記を行うことによって成立することを「準則主義」といいますが、この法律が施行される以前、公益法人は主務官庁の許可がないと設立することができず、「許可主義」といわれていました。

　定款で、社員に剰余金・残余財産の分配を受ける権利を与える旨の規定を置くことはできない等の決まりがあります。社員総会、理事・理事会、監事、会計監査人の機関があります。

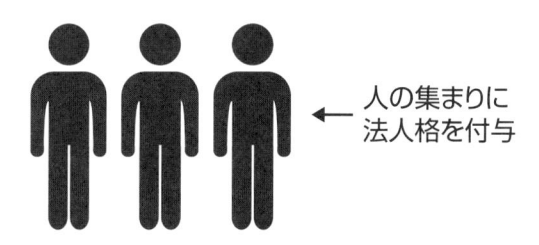

　　　　　　　　　　　　　　　← 人の集まりに法人格を付与

1 制度編

財団法人

　財団法人とは，拠出された財産に対し法人格を付与し，権利義務の主体となることができるようにしたものです。法人法に基づいて設立され，設立の登記を行うことによって成立します。定款で，設立者に剰余金・残余財産の分配を受ける権利を与える旨の規定を置くことはできない等の決まりがあります。

　また，2事業年度続けて貸借対照表上の純資産額が300万円未満となると，強制的に解散させられます。

　評議員，評議員会，理事，理事会，監事，会計監査人の機関があります。

　組織の詳細はＱＡ３を参照ください。

← 財産に対して法人格を付与

Q2
公益法人（社団法人・財団法人）の制度の概要と税制（法人税）との関係を教えてください

A 公益法人の制度は，登記を行って法人格をもつこととなる一般社団法人・一般財団法人と，公益目的事業を行うことを主たる目的と位置付け，公益認定を受けている公益社団・財団法人（特定公益増進法人に該当）という，2階建て方式となっています。税法は一般社団法人・一般財団法人をさらに非営利型（収益事業課税）と非営利型以外（普通法人としての課税）とに分けています。

一般社団法人・一般財団法人は1階

公益法人の制度は準則主義となっていますので，登記を行えば法人格を取得することができます。事業に制限もなく，自由度は今までの公益法人と比較して大きくなっています。ただし，定款で，社員・設立者に剰余金・残余財産の分配を受ける権利を与えることはできない等の決まりがあります。

全ての公益法人は法人法の規制を受けており，共通していることから，一般社団・財団法人は2階建ての1階ともいわれています。この場合，税務上は普通法人（株式会社等）と同様の課税となっています。

公益社団法人・公益財団法人は2階

一般社団法人・一般財団法人のうち，公益目的事業を行うことを主たる目的としている法人は，公益社団・財団法人の認定を受けることができます。このため，公益社団・財団法人になることを2階にあがると言うことがあります。公益認定を受けると，特定公益増進法人[1]に該当することになります。

　＊1：公共法人，公益法人等，その他特別の法律により設立された法人のうち，教育

1 制 度 編

又は科学の振興，文化の向上，社会福祉への貢献その他公益の増進に著しく寄与するものとして政令で定められたもの

なお，公益認定は基準をクリアすることが要求されますし，一度取れば終わりでなく，継続的なチェックがなされますので，基準を満たさないと認定が取り消されることとなります。

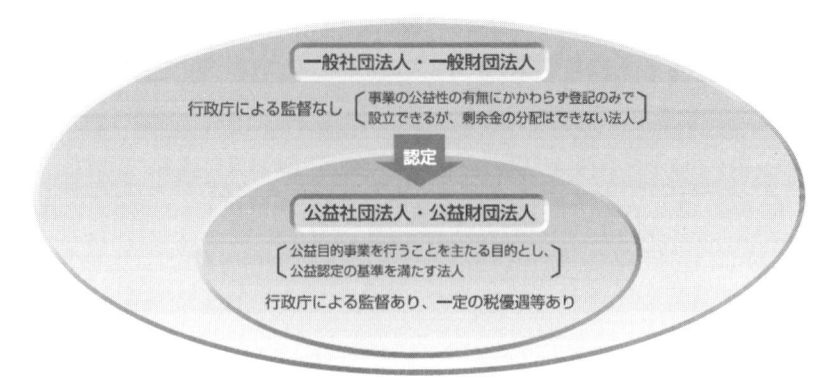

```
┌─────────────────────────────────────────┐
│         一般社団法人・一般財団法人          │
│  行政庁による監督なし                      │
│  {事業の公益性の有無にかかわらず登記のみで    │
│   設立できるが，剰余金の分配はできない法人}  │
│                  ↓ 認定                  │
│      ┌───────────────────────────┐      │
│      │   公益社団法人・公益財団法人   │      │
│      │ {公益目的事業を行うことを主たる  │      │
│      │  目的とし，公益認定の基準を満たす │      │
│      │  法人}                       │      │
│      │ 行政庁による監督あり、一定の税優遇等あり │
│      └───────────────────────────┘      │
└─────────────────────────────────────────┘
```

<出所：「公益法人制度改革の概要（行政改革推進本部事務局）」>

税制は1.5階が存在

税制は，1階部分と2階部分の間にさらに1.5階が存在します。図にあるように，1階部分を非営利型以外と非営利型に分け，非営利型法人に関しては収益事業課税という，課税を限定的に行う方式をとっています。ただし，同じ収益事業課税であっても，公益社団・財団法人と非営利型法人とではいくつかの差異があるため注意が必要です。

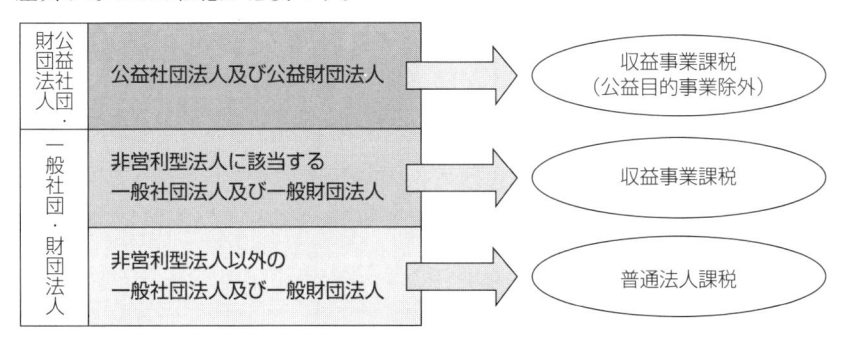

区分	法人類型	課税方式
公益社団・財団法人	公益社団法人及び公益財団法人	収益事業課税（公益目的事業除外）
一般社団・財団法人	非営利型法人に該当する一般社団法人及び一般財団法人	収益事業課税
一般社団・財団法人	非営利型法人以外の一般社団法人及び一般財団法人	普通法人課税

Q3 一般社団・財団法人のポイントと機関を教えてください

A 剰余金の分配を目的としない法人であり、事業に制限はなく、登記によって法人格を取得します。行政庁が法人の業務・運営全体について一律に監督することはないため、法人の自主的、自律的な運営が必要です。各種機関の設置やガバナンスに関する事項については法律で規定しています。

一般社団法人・一般財団法人のポイント

　剰余金の分配を目的としない法人であり、事業に制限はなく、登記によって法人格を取得します。社団法人は人（社員）の集まりとしての法人、財団法人は設立者（寄附者）の提供された財産に基づく法人と考えるとわかりやすいと思います。

　剰余金の分配を目的としないとあるように、定款で、社員・設立者に剰余金・残余財産の分配を受ける権利を与えることはできません。行政庁が法人の業務・運営全体について一律に監督することはありませんので、法人の自主的、自律的な運営が必要であり、最低限必要な各種機関の設置やガバナンスに関する事項について法律で規定しています。行政庁の監督がないため、条文で詳細に規定されています。

一般社団法人の機関

　社員総会と理事は必ず置く必要があります。社員総会は株式会社の株主総会に近いですが、法人に関する一切の事項について決議できるため、より権限が強いものとなっています。ただし、理事会を置く場合は、社員総会決議事項を法律・定款で決めた事項に限ることができるようになっています。

　任意の機関として、理事会、監事、会計監査人を置くことができるように

なっており，機関の組み合わせとしては5つのパターンが考えられます（理事会と会計監査人を置くとき監事は必須）。

<一般社団法人の機関とその組み合わせ>

①	社員総会	理　　事			
②	〃	〃	監　　事		
③	〃	〃	理 事 会	監　　事	
④	〃	〃	監　　事	会計監査人	
⑤	〃	〃	理 事 会	監　　事	会計監査人

一般財団法人の機関

　評議員，評議員会，理事，理事会，監事は必須であり，会計監査人を任意で置くことができます。評議員会は必置であり，理事及び理事会という業務執行権限を持つ機関のお目付役的存在となります。このため，評議員の選解任は理事，理事会では決めることはできません。監視する人を監視される人が決めるとお手盛りの危険があるからです。

　ただし，評議員の権限が強くなることから，評議員会の決議事項は法律・定款で定める事項に限定されています。

<一般財団法人の機関とその組み合わせ>

①	評　議　員	評議員会	理　　事	理 事 会	
②	〃	〃	〃	〃	会計監査人

　（注）　会計監査人は一般社団・財団法人共に最終事業年度の貸借対照表の負債の部に計上した額の合計額が200億円以上の場合に設置義務があります。

1 制度編

一般社団法人	一般財団法人
<設立> 1 名称中に「一般社団法人」という文字を使用。 2 設立は社員2名以上、財産保有規制なし。 3 定款は設立時社員が作成、公証人の認証必要。	<設立> 1 名称中に「一般財団法人」という文字を使用。 2 設立には300万円以上の財産の拠出が必要。 3 定款は設立者が作成、公証人の認証必要。
<機関>	<機関>
4 理事（任期2年以内）は必置。理事（代表理事）は法人を代表し、業務を執行。	
5 社員総会は必置。 6 理事会、監事（任期4年、定款で2年まで短縮可）の設置は任意（理事会、会計監査人を置く場合は監事必置）。 7 社員総会は、当該法人に関する一切の事項について決議。ただし、理事会を置く場合は、法律、定款で定めた事項に限る。 8 理事等は、社員総会の決議によって選任。	5 評議員（任期4年、定款で6年まで伸長可）、評議員会、理事会、監事（任期4年、定款で2年まで短縮可）は必置。 6 評議員の選解任方法は、定款で定める（理事、理事会による選解任の定めは不可）。 7 評議員会は、法律、定款で定める事項に限り決議。 8 理事等は、評議員会の決議によって選任。
9 理事会は、業務執行の決定、理事の職務執行の監督、代表理事の選定・解職をする。重要な財産の処分及び譲受け等の重要な業務執行の決定を各理事に委任できない。 10 代表理事又は業務を執行する理事は3ヵ月に1回以上（定款で毎事業年度に2回以上とすることができる）、理事会に自己の職務の執行の状況を報告。 11 会計監査人（任期1年）を置くことができる（負債200億円以上の法人（大規模法人）は必置）。 12 理事、監事、会計監査人はいずれも再任可（評議員も同じ）。	
<その他>	<その他>
13 事業年度毎の計算書類、事業報告等の作成、事務所への備置き及び閲覧等による社員、評議員及び債権者への開示が必要。 14 貸借対照表（大規模法人は貸借対照表及び損益計算書）の公告（インターネットも可）が必要。 15 一般社団法人、一般財団法人相互のほか、一般社団法人と一般財団法人との間の合併が可能。 16 休眠法人の整理、裁判所による解散命令の制度あり。	
17 定款で基金制度の採用が可能。 18 社員による役員の責任追及の訴えが可能。	17 目的、評議員の選解任方法についての定款の変更には制限あり。 18 二期連続して純資産額が300万円未満となった場合は解散。

＜出所：「公益法人制度改革の概要（行政改革推進本部事務局）」＞

Q4
一般社団・財団法人から公益社団・財団法人へ移行する際にはどのような事項がポイントとなりますか？

A 下記の認定の基準を満たし，欠格事由に該当しない必要があります。
① 定款の内容が法人法及び認定法＊に適合するものであること
② 認定法第5条各号に掲げる基準に適合するものであること
＊ 公益社団法人及び公益財団法人の認定等に関する法律

認定法第5条各号のうち主なもの

① 経理的基礎を有すること

　財務状況が健全であること，財産の管理・運用について法人の役員が適切に関与すること，公認会計士又は税理士等の経理事務の精通者により適切な情報開示が行われていること等が必要とされます。

② 技術的能力を有すること

　事業を実施するための技術や専門的能力を持つ人材・設備等の能力を有するかの確認が行われます。「公益目的事業のチェックポイント」との関連は特に重要となります。

③ 特別の利益を与える行為を行わないこと

　社員や理事などの法人の関係者，株式会社その他の営利事業を営む者などに，社会通念上合理性を欠くと思われる利益や優遇を与えることは認められません。

④ 収支相償であると見込まれること

　公益目的事業に係る収入の額が，その事業に必要な適正な費用を償う額を超えてはいけません。収支相償については，下図のような二段階での判定となります。

第一段階 ➡ 各公益目的事業ごとに費用と収入（それぞれの事業の経常費用，経常収益）を比較します。仮に収入の額が費用の額より大きくても，その差額を，将来のその事業の費用に充てる資金（特定費用準備資金）に繰り入れる場合は，収支相償の基準を満たしているものとみなされます。

第二段階 ➡ 第一段階で計算した収支に加え，その他の，公益に係る費用と収入を合計し，公益全体の収支を比較します。
収入の額が費用の額を上回った場合でも，将来の特定の公益事業の費用に充てる資金（特定費用準備資金）に繰り入れる場合や，公益的な資産を取得する資金（公益資産取得資金）に繰り入れる場合には，収支相償の基準を満たしているものとみなされます。

⑤ **公益目的事業費率が50％以上であると見込まれること**

公益目的事業に要する費用が，事業費及び管理費の合計額に占める割合は50％以上でなくてはなりません。この計算をする際には，通常は費用として計上されない特別な項目（無償の役務提供の費用相当額など）も費用とみなすことができます。

⑥ **遊休財産額が制限を超えないと見込まれること**

法人の純資産に計上された額のうち，具体的な使途の定まっていない財産の額が遊休財産額です。この金額は公益目的事業費の1年間相当額を超えてはいけません。

上記④～⑥については，具体的な計算が必要となってきます。公益認定等委員会HPに掲載されている公益認定申請書をご覧いただくとおわかりのとおり，例えば共通費用の配賦の問題など会計的な知識が要求される内容となっています。

会計編でも記載していますが，公益法人会計基準は公益認定のためには適した基準となっていますので，公益認定を目指す意思決定を行った場合，公益法人会計基準を適用した会計数値で検討することをおすすめいたします。

1 制度編

ガイドラインについて

認定基準及び欠格事由等に関係する法令の運用に関して，「公益認定等に関する運用について（公益認定等ガイドライン）」が作成されています。

Q5 公益目的事業とは何ですか？

A 公益目的事業の定義は，認定法第2条第4号にあり，
① 学術，技芸，慈善その他の公益に関する別表各号に掲げる種類の事業であって
② 不特定かつ多数の者の利益の増進に寄与するもの

をいいます。法人の行う事業が公益目的事業に該当するかどうかについては，上記のポイントをもとに，公益認定等委員会・都道府県の合議制機関が判断します。

学術，技芸，慈善その他の公益に関する別表各号に掲げる種類の事業(認定法別表)

一　学術及び科学技術の振興を目的とする事業
二　文化及び芸術の振興を目的とする事業
三　障害者若しくは生活困窮者又は事故，災害若しくは犯罪による被害者の支援を目的とする事業
四　高齢者の福祉の増進を目的とする事業
五　勤労意欲のある者に対する就労の支援を目的とする事業
六　公衆衛生の向上を目的とする事業
七　児童又は青少年の健全な育成を目的とする事業
八　勤労者の福祉の向上を目的とする事業
九　教育，スポーツ等を通じて国民の心身の健全な発達に寄与し，又は豊かな人間性を涵養することを目的とする事業
十　犯罪の防止又は治安の維持を目的とする事業
十一　事故又は災害の防止を目的とする事業
十二　人種，性別その他の事由による不当な差別又は偏見の防止及び根絶を

目的とする事業

十三　思想及び良心の自由，信教の自由又は表現の自由の尊重又は擁護を目的とする事業

十四　男女共同参画社会の形成その他のより良い社会の形成の推進を目的とする事業

十五　国際相互理解の促進及び開発途上にある海外の地域に対する経済協力を目的とする事業

十六　地球環境の保全又は自然環境の保護及び整備を目的とする事業

十七　国土の利用，整備又は保全を目的とする事業

十八　国政の健全な運営の確保に資することを目的とする事業

十九　地域社会の健全な発展を目的とする事業

二十　公正かつ自由な経済活動の機会の確保及び促進並びにその活性化による国民生活の安定向上を目的とする事業

二十一　国民生活に不可欠な物資，エネルギー等の安定供給の確保を目的とする事業

二十二　一般消費者の利益の擁護又は増進を目的とする事業

二十三　前各号に掲げるもののほか，公益に関する事業として政令で定めるもの

不特定かつ多数の者の利益の増進に寄与するもの

① 「公益認定等ガイドライン」において，公益目的事業のチェックポイントに関し，主な事業区分17について解説が行われています。17の個々の事業内容に応じ，公益目的事業としての考え方のチェックポイントが示されています。

② 17の事業区分に該当しない事業については，事業目的，事業の合目的性をチェックすることになっています。

なお，公益認定等委員会のHPにおいて，FAQ（よくある質問）が公表されており，その中で公益目的事業に関しては以下のQAが公表されていますのでご覧ください。

Ⅷ　公益目的事業（基本的事項）	
問Ⅷ－1－1～1－4	（公益目的事業か否かの判断1～4）
問Ⅷ－2－1	（事業区分）
問Ⅷ－2－2	（事業のまとめ方）
問Ⅷ－2－3	（対象となる事業）
Ⅸ　公益目的事業（各論）	
問Ⅸ－1	（行政機関からの受託事業等）
問Ⅸ－2	（調査報告書，学会誌等の発行）
問Ⅸ－3	（施設の貸与）
問Ⅸ－4	（公益的な活動を行う法人の支援）
問Ⅸ－5	（特定地域に限定された事業）
問Ⅸ－6	（特定の弱者を救済する事業）
問Ⅸ－7	（墓地の管理）
問Ⅸ－8	（法令に基づく事業）
問Ⅸ－9	（特定の学校の在学生への奨学金）
問Ⅸ－10	（医療事業）
問Ⅸ－11	（上部団体への負担金等について）
問Ⅸ－12	（介護事業，訪問介護事業及び看護学校事業）
問Ⅸ－13	（共済事業）

1 制 度 編

Q6 収支相償とは何ですか？

A 収支相償とは，その法人が実施する公益目的事業について，当該公益目的事業に係る収入がその実施に要する適正な費用の額を超えないと見込まれることをいい，二段階で判断します。

第 一 段 階

第一段階においては，公益目的事業単位で事業に関連付けられる収入と費用とを比較します。事業に関連付けられる収入と費用は，法人の正味財産増減計算書内訳表におけるそれぞれ当該事業に係る経常収益，経常費用とします。特定費用準備資金への積立額があれば，それも費用に加えて判断します。

第 二 段 階

第二段階においては，第一段階の各事業に係る経常収益及び経常費用に加え，特定の事業と関連付けられない公益目的事業に係る経常収益及び経常費用を合計します。さらに，特定費用準備資金や公益目的保有財産に係る一定の調整計算を行い，収支を比較します。

当該法人が収益事業等も行っている場合には，収益事業等の利益から公益目的事業財産に組み入れた額も収入に含めて判定します。

なお，収益事業等からの組入れが50％か，又は50％超かにより，収支相償を判定する計算方法が異なります。いずれを選択するかは，毎事業年度の事業の実施状況や計画に応じて自由に決めることが可能です。

第二段階において剰余金が生じている場合には，その剰余相当額を
・公益目的保有財産に係る資産取得もしくは改良に充てるための資金への繰入れ

・公益目的保有財産の取得に充当
・翌年度ないし翌々年度の事業拡大による剰余金相当額の損失拡大等の対応方法を検討する必要があります。

正味財産増減計算書内訳表
平成×年4月1日から平成×+1年3月31日まで　　　　　（単位：円）

科　目	公益目的事業会計				収益事業等会計				法人会計	内部取引消去	合計
	○○	××	共通	小計	△△	□□	共通	小計			
Ⅰ 一般正味財産増減の部											
1 経常増減の部											
(1) 経常収益											
事業収益											
……											
経常収益計											
(2) 経常費用											
事業費											
給料手当											
退職給付費用											
減価償却費											
……											
管理費											
役員報酬											
給料手当											
退職給付費用											
減価償却費											
……											
経常費用計											
評価損益等調整前当期経常増減額											
投資有価証券評価損益等											
当期経常増減額											
2 経常外増減の部											
(1) 経常外収益											
……											
(2) 経常外費用											
……											
Ⅱ 指定正味財産増減の部											
……											
Ⅲ 正味財産期末残高											

第一段階で比較します　　第二段階で比較します

1 制度編

Q7 収支相償の成立が難しそうです。どのように対応したらよいですか？

A 剰余金が生じる場合には，公益目的事業のための資産取得や翌年度の事業費に充てるなど，公益のために使用する必要があります。

決算で剰余金が生じ，収支相償の成立が難しそうな場合には，以下の方法の適用が可能か検討します。

① **特定費用準備資金の活用**

数年後に公益目的事業における特別な事業を行う予定がある場合等には，その特別な事業の実施に必要となる金額を特定費用準備資金として積み立てることが可能です。

この特定費用準備資金は会計上の費用ではありませんが，収支相償の計算においては，費用として扱われます。対応する積立資産は特定資産となります。

② **資産取得資金の活用**

将来の公益目的保有財産の取得又は改良を計画している場合には，実施に必要な資金を資産取得資金として積み立てることが可能です。資産取得資金の積立額は会計上の費用ではありませんが，収益事業等から公益目的事業へ利益の組入れを50％超行う場合の収支相償の判定において費用の額に加えられます。ただし，収益事業等から公益目的事業へ利益の組入れを50％行う場合には，収支相償の判定において費用の額には加えられませんので注意が必要です。

対応する積立資産は特定資産となります。

③ 翌事業年度ないし翌々事業年度の公益目的事業の拡大

　翌事業年度に実施する公益目的事業の費用を当年度実施額よりも増加させる収支計画がある場合には，当年度の剰余金の扱いの理由として記載することが可能です。

　QA 25で紹介した「公益法人の会計に関する諸課題の検討状況について」では剰余金の解消策に対する考えが示されていますので，参考資料をご参照ください。

④ 公益目的保有財産の取得

　資産取得資金のようにある一定期間積み立てるものではなく，単年度で公益目的保有財産を取得する場合の支出金額も剰余金の扱いの理由として記載することが可能です。

Q8
公益認定を得るためには公益目的事業費率が50%以上であると見込まれることが要件となっていますが，この比率はどのように求めるのですか？

A
公益目的事業費率とは，

$$\frac{公益実施費用額}{公益実施費用額＋収益等実施費用額＋管理運営費用額}$$

と定義されています（認定法15条，認定法施行規則13条）。

公益実施費用額とは

公益実施費用額とは，損益計算書に計上すべき公益目的事業に係る事業費の額のことをいいます。ここでいう損益計算書とは平成20年改正会計基準＊でいうところの正味財産増減計算書とご理解ください。

収益等実施費用額とは

収益等実施費用額とは，損益計算書に計上すべき収益事業等に係る事業費の額のことをいいます。

管理運営費用額とは

管理運営費用額とは，損益計算書に計上すべき法人の運営に必要な経常的管理費の額のことをいいます。

なお，平成20年会計基準＊においては，平成16年会計基準＊適用時に事業管理費（間接事業費）を管理費に計上していた場合であっても，事業との関連性に応じて事業費に配賦することができます。例えば，

① 専務理事等の理事報酬や事業部門の管理者の人件費は，公益目的事業への従事割合に応じて公益目的事業費に配賦することができます。
② 管理部門で発生する職員の人件費や事務所の賃借料・光熱水費等は，事業費へ算入することができます。
　つまり，形式的に管理部門にかかる費用だからといって，管理費にすべて計上しなければならないわけではなく，実態に応じて配賦計算をすることができます。
　また，
③ 共通して発生する費用については，次のような配賦基準を参考に適正に配賦する必要があります。ただし，配賦が困難な場合には，公益実施費用額と収益等実施費用額と両方に共通の場合は収益等実施費用額，公益実施費用額と収益等実施費用額と管理運営費用額とに共通の場合は管理運営費用額とすることができます。

配賦基準	適用される共通費用
建物面積比	地代，家賃，建物減価償却費，建物保険料等
職員数比	福利厚生費，事務用消耗品費等
従事割合	給料，賞与，賃金，退職金，理事報酬等
使用割合	備品減価償却費，コンピュータリース代等

（参考：ガイドライン　7(1)）
＊　会計編QA2を参照

Q9 遊休財産額及びその保有の制限を教えてください

A 遊休財産額とは,貸借対照表上の資産の額から負債及び控除対象財産等の額を控除した後の額のことをいいます。保有に制限が課されています。

遊休財産額とは

遊休財産額とは,公益法人による財産の使用もしくは管理の状況又は当該財産の性質にかんがみ,公益目的事業又は公益目的事業を行うために必要な収益事業等その他の業務もしくは活動のために現に使用されておらず,かつ,引き続きこれらのために使用されることが見込まれない財産のことをいいます(認定法16条)。

遊休財産額の保有の制限

遊休財産額は,公益法人が当該事業年度に行った公益目的事業と同一の内容及び規模の公益目的事業を翌事業年度においても引き続き行うために必要な額として,当該事業年度における公益目的事業の実施に要した費用の額に特定費用準備資金の繰入・取崩や引当金の取崩等を加減算して算出した金額を超えて保有してはならないとされています。

遊休財産額の算式

$$遊休財産額 = 資産の額 - \left\{ 負債 + 基金 + \left(控除対象財産 - 控除対象財産に対応する負債 \right) \right\}$$

遊休財産額の概要（控除対象財産に対応する負債が0のとき）

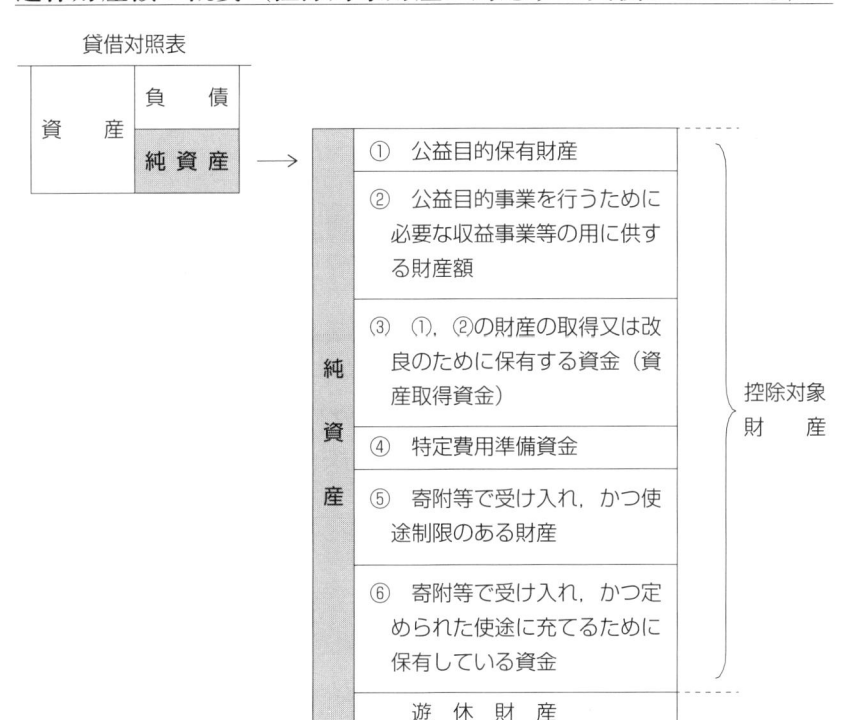

貸借対照表

資産	負債
	純資産

純資産
- ① 公益目的保有財産
- ② 公益目的事業を行うために必要な収益事業等の用に供する財産額
- ③ ①，②の財産の取得又は改良のために保有する資金（資産取得資金）
- ④ 特定費用準備資金
- ⑤ 寄附等で受け入れ，かつ使途制限のある財産
- ⑥ 寄附等で受け入れ，かつ定められた使途に充てるために保有している資金

（①〜⑥：控除対象財産）

- 遊休財産

Q10 特定費用準備資金と資産取得資金とはどのように違うのですか？

A 特定費用準備資金は公益目的事業比率の算定に算入しますが，資産取得資金は算入できません。ただし，両方の資金ともに遊休財産額からは除外されます。

特定費用準備資金とは

　特定費用準備資金は，将来の特定の事業費，管理費に特別に支出するために積み立てる資金です。将来費用として支出することが予定されていることから，公的目的事業費率の算定上，前倒し的に積立額をみなし費用として算入することが可能なほか，資金の使途が具体的に定まっていることから遊休財産額からも除外されます。

資産取得資金とは

　資産取得資金は，将来，公益目的事業やその他の必要な事業，活動に用いる実物資産を取得又は改良するために積み立てる資金です。資産の取得又は改良を行った時点では資金から実物資産に振り替わるだけであるため，公益目的事業比率の算定には積立額を算入することはできませんが，資金の使途が具体的に定まっていることから遊休財産額から除外されます。

2つの資金の要件

　特定費用準備資金及び資産取得資金は，ともに，資金の目的である活動の実施や財産の取得又は改良が具体的に見込まれていること，資金ごとに他の資金と区分して管理されていること，積立限度額が合理的に算定されていること，算定の根拠が公表されていることといった要件を満たす必要があります。

資金設定時の注意点

　将来の事業計画として，施設等の整備を行いつつ事業の拡充を計画している場合には，施設等の資産の整備は資産取得資金の積立対象となりますが，それらも一体のものとして特定費用準備資金に計上，管理することができます。ただし，特定費用準備資金を取り崩して事業を実施した事業年度においては，事業費から資金の取崩し額を控除して公益目的事業比率を算定しますので，資産の取得等も一体のものとして特定費用準備資金を利用した場合には，資金のうち資産の取得等に充てられた分は費用にはならない一方，資産の取得分も含めた資金の取崩し額は全額，事業費から控除して公益目的事業費率を算定することになるため，比率が実際より引き下げられる結果となることに注意が必要です。

〈例〉

A事業の将来事業計画

- 施設等の整備（取得＆修繕）
- 事業費の拡充

資金確保案１
- 施設等の整備には，資産取得資金を積み立てる（積立総額X円）
- 事業費の拡充には，特定費用準備資金を積み立てる（積立総額Y円）

↓

　特定費用準備資金を取り崩して事業を実施した年度では，取崩し額（総額すべて使用したならY円）を事業費から控除して，公益目的事業費率を算定します。
　X円は資産の取得に振り替えます。

資金確保案２
- 施設等の整備及び事業費の拡充を一体として考え，まとめて特定費用準備資金を積み立てる。

↓

　特定費用準備資金を取り崩して事業を実施した年度では，取崩し額（総額すべて使用したならX円＋Y円）を事業費から控除して，公益目的事業費率を算定します。

Q11 遊休財産額が予想以上に増加している場合の対応方法を教えてください

A 現在保有している財産が、遊休財産額として扱われない控除対象財産として区分できないか検討してみましょう。また、これから受け入れる財産を控除対象財産に区分できないか検討してみましょう。

控除対象財産

控除対象財産とは、遊休財産額を算定する際に計算から控除される財産額です。

控除対象財産は、認定法施行規則第22条第3項第1号から第6号までの6種類あり、公益目的保有財産、公益目的事業に必要な収益事業等その他の業務又は活動の用に供する財産、資産取得資金、特定費用準備資金、交付者の定めた使途に従い使用・保有している財産、交付者の定めた使途に充てるために保有している資金となっています。

資産取得資金の活用

財産の取得又は改良を計画している場合には、取得等に必要な資金を資産取得資金として積み立てることが可能です。この財産は公益目的事業のみに使用するものでも、収益事業等に使用するものでも、いずれでも資産取得資金の対象として積み立てることが可能です。資産の取得予定時期・取得に要する額の算定方法等について、行政庁に提出する事業報告等の提出書類、別表C(4)に記載します。

なお、資産取得資金を積み立てる際は、目的外取崩しについての特別の手続きの定め並びに積立限度額及びその算定根拠について、備置及び閲覧の措置を

講じる必要があります。

特定費用準備資金の活用

　将来の特定の活動の実施のために必要な資金を特定費用準備資金として積み立てることが可能です。この事業は公益目的事業でも，収益事業等や管理費用でも，いずれでも特定費用準備資金として積み立てることが可能です。当該活動の実施予定時期，積立限度額の算定方法等について，行政庁に提出する事業報告等の提出書類，別表C(5)に記載します。

　なお，特定費用準備資金を積み立てる際は，目的外取崩しについての特別の手続きの定め並びに積立限度額及びその算定根拠について，備置及び閲覧の措置を講じる必要があります。

公的目的保有財産

　金融資産を公益目的保有財産として保有している場合には，特別な理由がない限りは取り崩して使うことはできません。運用果実を公益目的事業に使用するために安定的に継続保有する必要があるためです。

公益目的事業に必要な収益事業等その他の業務又は活動の用に供する財産

　これは，収益事業や共益事業，及び管理業務に使用している財産が該当します。運用益を当該事業に限定して使用している資金も該当します。

交付者の定めた使途に従い使用・保有している財産

　これは，例えば寄附者が「配当金を○○事業に使ってほしい」という使途を課して有価証券を公益法人に寄附する場合や「▲▲事業に使ってほしい」という使途を課して車両を公益法人に寄附する場合の当該財産を指します。

交付者の定めた使途に充てるために保有している資金

　これは，寄附者から「◆◆事業に使ってほしい」という使途を課されて現金

預金を寄附されたが，その現金預金が当該事業で使い切れておらず，まだ公益法人で保有している場合が該当します。

　上記で説明した控除対象財産のいずれかに該当すれば，遊休財産として扱われなくなりますので，遊休財産額が保有制限に達してしまう可能性がある場合には，早めに保有財産の内容を確認して，第１号から第６号のいずれかに区分できないか検討することが望まれます。

Q12 公益目的事業財産とは何ですか？

A 公益社団・財団法人の財産のうち、公益目的のために消費されるべき財産を「公益目的事業財産」といいます。例えば、公益目的事業のために受け入れた寄附金や、収益事業から得られた収益の半分以上などが該当します。

一般法人にも公益目的事業財産はあるのか

一般法人が公益社団・財団法人へ移行する際には、公益目的事業のために利用する財産（建物、設備、金融資産等）が公益目的事業財産となります。

公益認定を取り消されたときの扱い

公益のために集めた財産は、最後まで公益的に消費することが求められているため、公益認定取消時には、公益目的事業財産の残額を、取消の日から1ヶ月以内に他の公益的団体等に贈与することになります。

1 制 度 編

公益目的事業財産が法人運営上のキーワードとなります

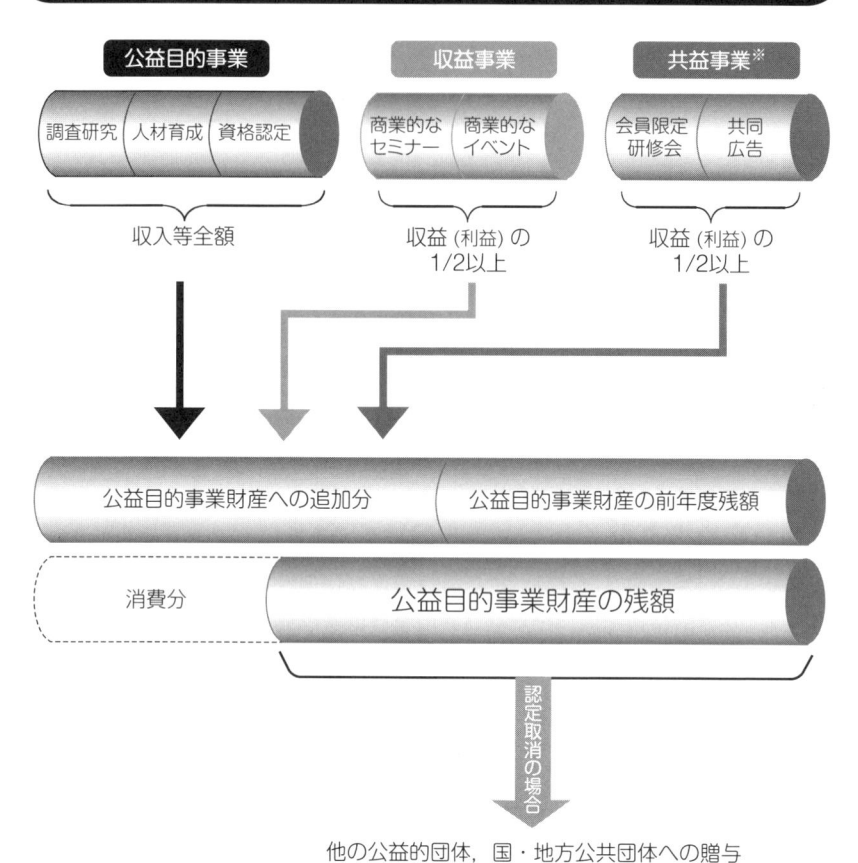

公益目的事業
- 調査研究
- 人材育成
- 資格認定

収入等全額

収益事業
- 商業的なセミナー
- 商業的なイベント

収益(利益)の1/2以上

共益事業※
- 会員限定研修会
- 共同広告

収益(利益)の1/2以上

| 公益目的事業財産への追加分 | 公益目的事業財産の前年度残額 |

| 消費分 | 公益目的事業財産の残額 |

認定取消の場合 → 他の公益的団体，国・地方公共団体への贈与

<出所：「公益認定等委員会事務局 民による公益の増進を目指して～新公益法人制度の概要～」>

Q13
公益認定を受けるに際しての欠格事由とは何ですか？

A 認定法第6条において，当該条文に規定されている事項に該当する一般法人は公的認定を受けることができないとされています。

認定法第6条

次のいずれかに該当する一般法人は，公益認定を受けることができません。
1） 理事，監事，評議員のうちに，次のいずれかに該当する者がある場合
   ① 過去5年の間に公益認定を取り消された法人において，その取消しの原因となった事実があった日以前1年内に当該公益法人の業務を行う理事だった者
   ② 国税及び地方税に関する違反行為により，罰金の刑に処せられ，その執行を終わり，又は執行を受けることがなくなった日から5年を経過しない者
   ③ 禁固以上の刑に処せられ，その刑の執行を終わり，又は刑の執行を受けることがなくなった日から5年を経過しない者
   ④ 暴力団員又は暴力団員でなくなった日から5年を経過しない者
2） 公益認定を取り消され，その取消しを受けた日から5年を経過していない法人
3） 定款又は事業計画書の内容が法令又は法令に基づく行政機関の処分に違反している法人
4） 事業を実施するに当たり法令上必要となる行政機関の許認可等を受けることができない法人
5） 国税又は地方税の滞納処分が執行されている法人，又は当該滞納処分の終了の日から3年を経過していない法人

1 制度編

6）暴力団員がその事業活動を支配している法人

公益法人の業務を行う理事とは

　認定法第6条第1号イで規定する「業務を行う理事」とは，取消し原因となった事実に係る「業務」の執行を担当する理事です。

　したがって，業務を執行する理事ではない場合や業務を執行する理事であっても取消し原因となった事実に関する「業務」以外の執行を担当していた場合等は，その理事は当該欠格事由に該当する理事には相当しません。

（参考図）

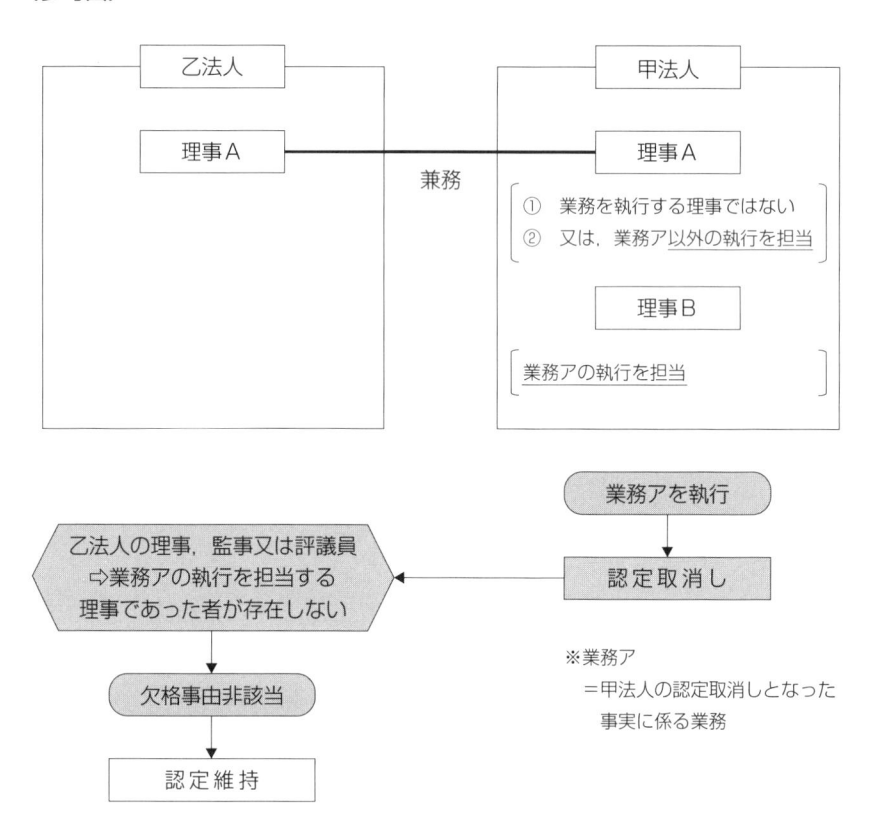

```
┌─────────────────────┐          ┌─────────────────────────────────┐
│     乙法人          │          │          甲法人                 │
│                     │          │                                 │
│   ┌─────────┐       │  兼務    │      ┌─────────┐                │
│   │ 理事A   │───────┼──────────┼──────│ 理事A   │                │
│   └─────────┘       │          │      └─────────┘                │
│                     │          │  ① 業務を執行する理事ではない   │
│                     │          │  ② 又は，業務ア以外の執行を担当 │
│                     │          │                                 │
│                     │          │      ┌─────────┐                │
│                     │          │      │ 理事B   │                │
│                     │          │      └─────────┘                │
│                     │          │    業務アの執行を担当           │
└─────────────────────┘          └─────────────────────────────────┘
```

　　　　　　　　　　　　　　　　　　　　　　業務アを執行
　　　　　　　　　　　　　　　　　　　　　　　　↓
乙法人の理事，監事又は評議員　←──────　認定取消し
⇨業務アの執行を担当する
理事であった者が存在しない
　　　　↓　　　　　　　　　　　　　　　※業務ア
欠格事由非該当　　　　　　　　　　　　　＝甲法人の認定取消しとなった
　　　　↓　　　　　　　　　　　　　　　　事実に係る業務
認定維持

※　法人法では，理事は，法人に著しい損害を与えるおそれのある事実を発見したときは，当該事実を社員又は監事に報告する義務を負い（85条），報告を怠った場合は法人に対して損害賠償責任を負うこととされています（111条1項）。したがって，上図において理事Bが乙法人の理事，監事又は評議員を兼務している場合は，理事Bは乙法人に対して当該事実を報告する必要があります。
　　＜出所：「公益認定等委員会HP「FAQ（よくある質問）問Ⅶ－②」＞

公益認定を取り消されたときの扱い

　公益のために集めた財産は，最後まで公益目的に消費することが求められているため，公益認定取消時には，公益目的事業財産の残額を，取消しの日から1ヶ月以内に他の公益的団体等に贈与しなければなりません。

Q14
公益認定の要件となっている経理的基礎及び技術的能力とは何ですか？

A 経理的基礎とは，①財政基盤の明確化，②経理処理，財産管理の適正性，③情報開示の適正性の３つの要素から構成されます。

技術的能力とは，事業実施のための技術，専門的人材や設備などの能力の確保を意味します。

経理的基礎

公益法人はその設立目的の達成のために継続的に公益目的事業を行うことが期待されています。したがって，継続かつ安定した法人運営に必要な経理的基礎，技術的能力の具備が公益認定基準として要求されています。特に適切な会計処理を行う能力は，法人の適正な事業運営を支えるとともに，情報開示と相俟って事業運営の透明性を高め，法人に対する外部の信頼性を向上させることにつながります。

ことに，公益法人に対する寄附金は特定公益増進法人に対する寄附金として扱われ，寄附者は税制上の優遇措置を受けることが可能であり，また寄附金を受ける側の公益法人についても原則として寄附金には課税が行われません。寄附者の意思が適切に法人運営に反映されているかは，適正な会計処理によって作成される決算書を通じて判断されることとなるため，経理的基礎は大変重要な項目と考えられており，３つの要素から構成されるとみなされています。

財政基盤の明確化

経理的基礎の１つめの要素は，財政基盤の明確化です。

事業収支の見込み，今後の財務の見通しが適切に見積もられており，継続的

に法人運営が行われるかが問われます。

経理処理・財産管理の適正性

経理的基礎の2つめの要素は,経理処理・財産管理の適正性です。

この意味するところは,①法人財産の管理・運用について,理事・監事が適切に関与する体制がとられていること,②開示情報や行政庁への提出資料の基礎となる十分な会計帳簿が備え付けられていること,③法人の支出に使途不明金がないこと,会計帳簿に虚偽の記載がないこと,その他の不適正な経理が行われないこと,となります。

不正経理による横領や使い込みの防止,そして万が一発生したとしても早期に発見が可能となる体制が構築されているかが問われます。

情報開示の適正性

経理的基礎の3つめの要素は,情報開示の適正性です。

外部監査を受けない場合には,費用及び損失の額又は収益の額が1億円以上の法人については公認会計士又は税理士が監事に就任している必要があります。当該額が1億円未満の法人については,企業や非営利法人での経理事務5年以上の経験者が監事になっていれば要件を満たすこととなります。

ただし,監事に上記のような条件の者を置くことを義務付けるものではなく,公認会計士,税理士,経理事務の精通者等が法人の情報開示にどのように関与するのかの説明を行うことでもかまわないことになっています。

技術的能力

技術的能力とは,例えば,事業実施のための技術,専門的人材や設備等の能力の確保を意味します。事業を行うに当たり法定上許可等を必要とする場合には,申請時に添付する"当該許認可等があったこと等を証する書類"で技術的能力が判断されます。

<出所:「公益認定等委員会HP「FAQ(よくある質問)問V-1-①」>

1 制度編

Q15
移行法人において公益目的支出計画が予定通りに進まない場合にはどうしたらよいですか？

A 公益目的支出計画の実施期間を延長する場合には，公益目的支出計画の変更認可を行政庁から受けなければなりません。

反対に，公益目的支出計画の実施期間が短縮する場合には，公益目的支出計画実施報告書に記載するだけでかまいません。

公益目的支出計画の完了年月日の変更

移行法人とは，公益目的支出計画について行政庁の認可を受け，その後公益目的財産額を消費する事業を計画に従って実施中の法人をいいます。

移行認可を受けたときの予定通りに実際も進めばよいのですが，なかなかそうはいかず，実施期間を延長せざるを得ない状況に陥るケースも多々あります。

このような場合は，公益目的支出計画の完了年月日の変更の認可を行政庁から受ける必要があります。

1 制度編

<変更認可手続>

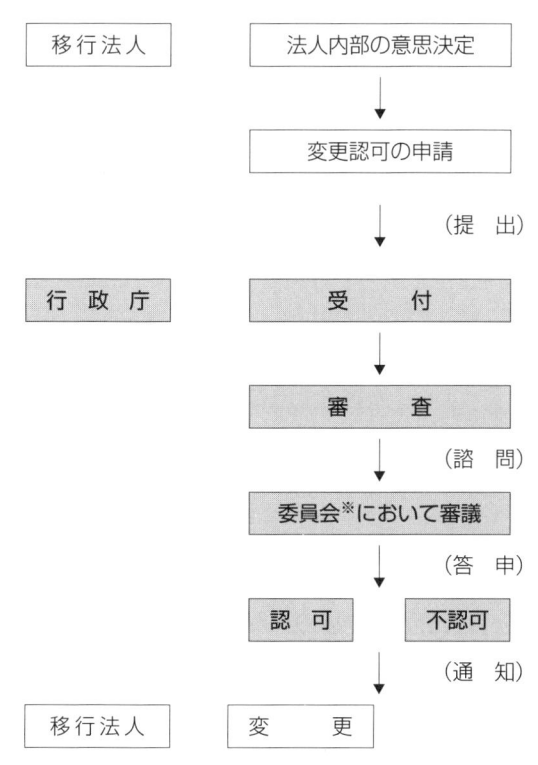

```
移行法人        法人内部の意思決定
                     ↓
                 変更認可の申請
                     ↓
                          (提 出)
行 政 庁          受  付
                     ↓
                  審  査
                     ↓
                          (諮 問)
              委員会※において審議
                     ↓
                          (答 申)
              認 可     不認可
                 ↓
                          (通 知)
移行法人         変  更
```

※ 行政庁が国の場合は公益認定等委員会，都道府県の場合は合議制機関（都道府県ごとに名称が異なります）です。

<出所：「変更認可申請・変更届出の手引き」>

37

Q16
変更認定申請はどのような場合に提出するのですか？

A 公益認定を受けて公益法人となった後に申請した事項を変更する場合には，行政庁に対し，変更の手続きが必要となります。

具体的には，
- 公益目的事業を行う都道府県の区域の変更
- 主たる事務所又は従たる事務所の所在場所の変更
- 公益目的事業の種類の変更
- 公益目的事業又は収益事業の内容の変更

に該当する場合に，変更前にあらかじめ行政庁の認定を受ける必要があります。

公益目的事業を行う都道府県の区域の変更

公益目的事業を行う都道府県の区域を，定款で変更しようとする場合は変更認定を受ける必要があります。この変更に該当する場合とは，以下のケースです。

① 行政庁が都道府県知事である公益法人が，定款を変更して2以上の都道府県の区域で公益目的事業を行う旨定める場合

② 行政庁が内閣総理大臣である公益法人が，定款を変更して，1の都道府県の区域で公益目的事業を行う旨定める場合

なお，行政庁が内閣総理大臣である公益法人が，公益目的事業を行う区域を変更するが，変更後も複数の都道府県で活動するため，行政庁に変更がない場合には，変更認定ではなく変更届を提出します。

主たる事務所又は従たる事務所の所在場所の変更

主たる事務所又は従たる事務所所在場所を変更しようとする場合，並びに従

たる事務所の新設及び廃止をしようとする場合には、変更の認定を受ける必要があります。

ただし、行政庁が内閣総理大臣である公益法人は、変更後の事務所の所在場所又は定款で定める公益目的事業の活動区域が2以上の都道府県の区域内であるのなら、変更認定ではなく、変更届出の手続きを行います。また、行政庁が都道府県知事である公益法人は、同一都道府県の区域内での事務所所在場所の変更であれば、変更認定ではなく、変更届出の手続きを行います。

公益目的事業の種類の変更

「公益目的事業の種類」とは、認定法別表において該当する号のことをいいます。公益認定の申請時に記載した公益目的事業ごとの号を変更しようとする場合には、変更の認定を受ける必要があります。

公益目的事業又は収益事業の内容の変更

公益目的事業又は収益事業等の内容を変更(新規立上げ及び事業の一部廃止も含む)しようとする場合は、変更認定を受ける必要があります。

なお、特定費用準備資金については、資金を取り崩して他の事業に使用する場合、あらかじめ資金の目的である事業内容の変更として、変更の認定を受ける必要があります。

また、数年後に新規事業の立上げを予定しており、あらかじめ特定費用準備資金又は資産取得資金を計上する場合についても、事業内容の変更として変更認定を受ける必要があります。

Q17 変更認可申請はどのような場合に提出するのですか？

A 移行法人が行政庁から認可を受けた公益目的支出計画を変更する場合には、変更前にあらかじめ行政庁の認可を受ける必要があります。
「公益目的支出計画の変更」に該当するものは次のとおりです。
・実施事業等の内容の変更
・公益目的支出計画の完了年月日の変更

実施事業等の内容の変更

「実施事業等」とは、公益目的事業、継続事業、特定寄附をいいます。

移行法人が実施事業等の内容を変更（新規追加及び廃止を含む）する場合には、変更の認可を受ける必要があります。移行後においては、継続事業の追加は認められていませんので、継続事業の内容を変更する場合は、公益目的支出計画には変更後の事業を「公益目的事業」として記載します。

特定寄附について、その寄附先を変更する場合等は変更の認可を受けなければなりませんが、寄附先の名称又は主たる事務所の所在場所のみの変更に関しては、変更届を提出します。

公益目的支出計画の完了年月日

公益目的支出計画を延長せざるを得なくなった場合には、完了予定年月日の変更を行い、当該変更について変更の認可を受ける必要があります。

Q18
理事会，評議員会において代理人を出席させることは可能ですか？　また，書面投票や電子投票はどうですか？

A　理事会，評議員会への代理人の出席・議決権の代理行使は認められません。

理　　　事

　理事は，その個人的な能力や資質に着目し，法人運営を委託されている者であることから，自ら理事会に出席し，議決権を行使することが求められています。また，理事会における協議と意見交換に参加していない者が，その情報を知る前に，事前に書面投票や電子投票を行うことは，責任ある議決権の行使にはならないと考えられるため，理事会の場合には，社員総会について認められているような，議決権の代理行使及び書面又は電磁的方法による議決権の行使は認められていません。

評　議　員

　評議員についても，個人的な能力や資質に着目して委任を受けた者であり，評議員会が執行機関に対する牽制・監督を行う機関として十分にその機能を果たすためには，その運営につき，理事会と同様の規律に従うことが相当とされ，議決権の代理行使及び書面又は電磁的方法による議決権の行使は認められていません。

例　　　外

　ただし，円滑な法人運営のため，定款に定めを置くのであれば，理事会の決議の目的である事項につき，理事全員が同意し，かつ監事が異議を述べないと

きに限り，書面又は電磁的方法により決議することができるものとされています。

例えば，電子メールにより理事会決議を行う場合，メールにより議案の内容を理事と監事の全員に伝達し，法人事務局が理事全員から議案に同意する旨の電子メールを受け取り，監事に異議がないことを確認し，理事会決議の議事録を作成することで手続きは完了します。

もっとも，他人のなりすましによる議案への同意のメール送信の恐れを排除するための対応は必要となります。

上記の方法により，機動的な理事会決議の実現が可能となります。

＜出所：公益認定等委員会HP「FAQ（よくある質問）問Ⅱ－6－①」＞

◎定款規定例

第○条　理事会の決議は，決議について特別の利害関係を有する理事を除く理事の過半数が出席し，その過半数をもって行う。

2　前項の規定にかかわらず，一般社団法人及び一般財団法人に関する法律第96条の要件を満たしたときは，理事会の決議があったものとみなす。

（理事会の決議の省略）

第96条　理事会設置一般社団法人は，理事が理事会の決議の目的である事項について提案をした場合において，当該提案につき理事（当該事項について議決に加わることができるものに限る。）の全員が書面又は電磁的記録により同意の意思表示をしたとき（監事が当該提案について異議を述べたときを除く。）は，当該提案を可決する旨の理事会の決議があったものとみなす旨を定款で定めることができる

Q19 社員総会はどのように開催しますか？

A 社員総会とは，社団法人の社員による総会であり，最高意思決定機関としての役割があります。理事会設置の社団法人では，法人法に規定する事項と定款で定めた事項に限り決議することができますが，理事会非設置の社団法人では，理事会の機能も担うこととなるため，社団法人に関する一切の事項について決議することができます。

理事会設置法人の場合には，定款で定めた招集権者が理事会での招集決議を経て，招集します。

社員全員の同意がある場合には，招集の手続きを省略して開催できますが，書面表決を予定している場合には招集手続きの省略はできません。

社員総会の招集

社員総会の招集は，理事会設置の社団法人の場合，理事会において決定します。社員総会の招集に関しては，
- 社員総会の日時及び場所
- 社員総会の目的である事項
- 社員総会の議案
- 出席しない社員が書面又は電磁的方法によって議決権を行使することができることとする場合はその旨
- 上記の決議をする場合には議案の内容と議決権行使期限

を定めます。

書面表決を認める場合には，社員総会の2週間前までに書面で社員に通知を行わなければなりません。

社員総会の決議の省略,報告の省略

　社員総会の決議の省略とは,理事又は社員が総会の目的である事項について提案を行った場合,その提案について社員全員が書面又は電磁的記録により同意の意思表示を行ったとき,その提案について可決する総会の決議があったものとみなされる制度です。

　社員総会への報告の省略とは,理事が総会に報告すべき事項を社員全員に通知した場合において,その事項を改めて総会に報告することを要しないことにつき,社員全員が書面又は電磁的記録による同意の意思表示をしたときには,その事項に関して総会への報告があったとみなされる制度です。

議事録

　社員総会の議事録は,書面又は電磁的記録をもって作成しなければならないとされています。その他,具体的に記載しなければならない事項が法人法施行規則第11条に規定されています。

Q20
評議員会はどのように開催しますか？

　　評議員会とは，財団法人のすべての評議員から構成されます。執行機関である理事会及び理事の業務執行状況を監督し，法律又は定款で定められた一定の事項に関し決議することができます。

　定款で定めた招集権者が理事会での招集決議を経て，招集します。

　評議員全員の同意がある場合には，招集の手続きを省略して開催できます。

評議員会の招集

　評議員会の招集は，理事会において決定します。評議員会の招集に関しては，
- ・評議員会の日時及び場所
- ・評議員会の目的である事項
- ・評議員会の議案の概要

を決定します。

評議員会の決議の省略，報告の省略

　評議員会の決議の省略とは，理事が評議員会の目的である事項について提案を行った場合，その提案について評議員全員が書面又は電磁的記録により同意の意思表示を行ったとき，その提案について可決する評議員会の決議があったものとみなされる制度です。

　評議員会への報告の省略とは，理事が評議員に報告すべき事項を評議員全員に通知した場合において，その事項を改めて評議員会に報告することを要しないことにつき，評議員全員が書面又は電磁的記録による同意の意思表示をしたときには，その事項に関して評議員会への報告があったとみなされる制度です。

1 制 度 編

議 事 録

　評議員会の議事録は，書面又は電磁的記録をもって作成しなければならないとされています。その他，具体的に記載しなければならない事項が法人法施行規則第60条に規定されています。

Q21
役員等の損害賠償責任とその免除について教えてください

　役員等の損害賠償責任とは，法人と委任契約を結んだ役員等（理事，監事，評議員，会計監査人）がその職務を遂行するに当たり，善良なる管理者としての相当の注意を払わなかった結果，法人に損害を与えた場合，法人に対する賠償責任を負う制度です。

　この損害賠償責任を免除（ないし一部免除）できる制度があり，次の①はすべてを，②～④については法律上の最低責任限度額の部分を除いて免除することが可能となっています。

① 総社員（又は総評議員）の同意があった場合
② 社員総会又は評議員会の特別決議による場合
③ 理事会の決議による場合
④ 責任限定契約による場合

役員等の損害賠償責任

　役員等（理事，監事，評議員，会計監査人）は法人と委任契約を交わしており，当委任契約に従い，善良なる管理者としての相当の注意を払って職務を遂行する義務を負っています。したがって，その任務を怠り，法人に損害を与えた場合には，法人に対しその損害を賠償する責任を負います。

損害賠償の免除（平成27年5月1日施行予定内容を含む）

　役員等の法人に対する損害賠償責任は，原則として総社員の同意（財団の場合は総評議員の同意）がなければ免除できません。

　このほか，一部免除の方法として，損害賠償責任を負う役員等が悪意又は重過失がない場合に，役員等が法人から職務執行の対価として受ける財産上の利

益の額に，下記それぞれの数を乗じた額を超える損害賠償額について社員総会（財団の場合は評議員会）の特別決議により免除することが可能です。

代表理事	6
代表理事以外の業務を執行する及び執行した理事並びに使用人	4
上記以外の理事，監事，会計監査人	2

なお，監事設置の社団法人及び財団法人において，役員等の責任の免除に関する議案を社員総会又は評議員会に提出する場合には，監事の同意を得なければならないことになっています。

上記特別決議のほか，監事設置法人においては，理事の過半数の同意によりその責任を免除する旨をあらかじめ定款に規定しておくことが可能であり，定款の規定に従い，役員等の責任免除議案を監事の同意を得た上で理事会に諮り，決議することができます。

責任限定契約

非業務執行理事等については，悪意又は重過失がない場合の損害賠償責任の額を定款で定めた範囲内の額を限度とする旨の契約を締結することができると，あらかじめ定款で規定することが可能です。ただし，その限度額は，非業務執行理事等が法人から職務執行の対価として受ける財産上の利益の額から算出する最低責任限度額を下回ることはできません。

以上は，役員等の法人に対する損害賠償責任の話であり，善意の第三者に対する損害についての免除ではないため，例えば理事の法令違反行為等による損害賠償に対しては，当該行為をなした理事のほか，監督義務を懈怠した他の理事や監事等も連帯して，善意の第三者に対して損害賠償責任を負うことになります。

Q22
役員の責任の具体例について教えてください

A 公益法人三法においては、法律に基づき各法人が自律的に運営していくことが基本となっており、役割を適切に果たさない役員等は責任追及の対象となることが法律で定められています。

理事，監事の責任

理事や監事においては、報酬の有無にかかわらず、法人の事業や財産の管理を適切に行う義務や責任があります。これを怠ったことにより法人に損害が発生した場合には、損害賠償責任等の責任を問われることになります。

横領事件発生のケースでは

ベテラン職員に現預金の管理を一切任せていたところ、ある日突然ベテラン職員が無断欠勤の上、そのまま行方不明となってしまい、数千万円もの定期預金が勝手に解約・横領されていたことが発覚しました。

① **代表理事等の責任**

代表理事や業務執行理事は、法人の業務執行の責任者として適切に財産管理を行う必要があり、善管注意義務が問われることになります。

② **理事会の責任**

理事会は法人の重要な業務執行を決定し、理事長等の職務を監視する役割を担っているため、適切な財産管理を行うための内部統制を構築し、理事長に執行させてこなかった責任を問われることになります。

③ **監事の責任**

監事は、理事の職務執行や計算書類の監査を行う責務があるため、内部統制が脆弱な法人についてはより十分な注意を払って監査等を行う必要があり、

職務懈怠の責任を問われることになります。

④ 社員による責任追及

　社員は法人に生じた損害賠償の責任を追及する権利を持っているため，このようなケースでは役員等に対し「代表訴訟」による責任追及を行うことが可能になっています。

⑤ 横領を防ぐための対応

　通帳と銀行届出印の別保管や現金実査，残高証明書と会計帳簿との照合など内部牽制の仕組みを構築しておくことが重要です。1人の担当者に任せ切りにするのではなく，定期的に業務を確認する必要もあります。

　また，法人内での現金保管は小口現金等の必要な額にとどめ，横領や盗難が発生した場合のリスクを最小限に抑えるといった心がけも必要です。

　巻末の参考資料もあわせてご覧ください。

Q23
理事会の決議の省略,報告の省略はどのように行うのですか?

A 　理事会の決議の省略を行うには,あらかじめ定款に規定されている必要があります。報告の省略は定款の規定は不要です。社員総会の決議の省略・報告の省略についてはQA 19,評議員会の決議の省略・報告の省略についてはQA 20をご参照ください。

理事会の決議の省略,報告の省略

　理事会設置法人において,理事が理事会決議の目的である事項について提案をした場合,当該提案につき理事の全員が書面又は電磁的記録により同意の意思表示を行い,かつ監事が異議を述べなかったときには,当該提案を可決する旨の理事会の決議があったものとみなされます。ただし,理事会の決議の省略を行うに当たり,あらかじめ定款において規定されている必要があります。

　役員任期満了に伴い,総会又は評議員会において次の任期の理事が選任された場合,総会又は評議員会後,速やかに理事会を開催し,代表理事等を互選により選定する必要があります。しかし,理事の都合が合わず,開催日程がなかなか決められない場合や,定足数に達せず会議の成立が危ぶまれる場合等に利用できます。

　あらかじめ定款で規定されているという制約がかけられていますが,これは理事会による意思決定という法人における重要な議論の場が省略されることとなってしまうためです。利用を検討されている場合には,定款に定められているのか事前の確認が必要です。

　定款の規定例についてはQA18をご参照ください。

1 制 度 編

役員各位　　　　　　　　　　　　　　　平成　年　月　日
　　　　　　　　　　　　　　　　　　　一般社団法人　○○協会
　　　　　　　　　　　　　　　　　　　　　理事長　△△△△

　　　　　　　　　　提　案　書

　・・・・・さて，一般社団法人及び一般財団法人に関する法律第96条及び定款◎条の規定に基づき，理事会の決議事項に関し，下記のとおり提案申し上げます。
　つきましては・・・・・

一般社団法人　○○協会　　　　　　　　平成　年　月　日
理事長　△△△△　殿
　　　　　　　　　　　　　　　　　　　　　理事　××××

　　　　　　　　　　同　意　書

　私は，一般社団法人及び一般財団法人に関する法律第96条及び定款◎条の規定に基づき，平成　年　月　日付提案書にて提案のありました理事会の決議事項に関してなされた下記提案について同意いたします。
　　　　　　　　　　　記
　・・・・・
　　　　　　　　　　　　　　　　　　　　　　　　　　以上

理事会の報告の省略

　理事，監事又は会計監査人が理事及び監事の全員に対して理事会に報告すべき事項を通知したときは，当該事項を改めて理事会に報告することを省略する

ことができます。ただし，業務執行の状況に関する代表理事等の報告は省略することはできませんので，必ず４ヶ月を超える間隔で事業年度中に最低２回は報告することになります。

1 制度編

> **Q24**
> 現在法人格のない団体ですが，今後一般社団・財団法人になることはできますか？

A 法定の手続きに従って一般社団・財団法人を設立することができます。

人格なき団体の法人格の取り方

現在法人格のない団体が一般社団・財団法人になりたい場合は，法定の手続きに従って一般社団・財団法人を設立することができます。

具体的には，法人法の規定に従い，定款を作成し，公証人の認証を受け，設立時の理事，監事（及び会計監査人）を選任します。その上で，主たる事務所の所在地において設立の登記を行うことによって成立します。

人格なき団体の公益認定の受け方

公益社団・財団法人は，公益認定を受けた一般社団・財団法人のため，公益認定の申請に際しては，まずは一般社団・財団法人としての設立登記を済ませておく必要があります。その上で，当該法人が一般社団・財団法人であることを証する書類（登記事項証明書）を添付の上，行政庁に公益認定の申請をすることとなります。なお，当然ながら公益認定を受けるためには，公益法人認定法上の認定基準に適合すること及び欠格事由に該当しないことが必須となります。

＜出所：公益認定等委員会HP「FAQ（よくある質問）問Ⅰ－1－⑥」＞

1 制度編

Q25
平成27年3月に公表された「公益法人の会計に関する諸課題の検討状況について」のポイントを教えてください。

A 当初の予定とは異なり、小規模法人に限定した負担軽減策は見送られ、公益法人全体を対象とする内容となっています。
・公益法人会計基準の適用の在り方
・正味財産増減計算書内訳表における法人会計区分の取扱い
・財務諸表の様式及び勘定科目の改善
・財務三基準の解釈と適用
・定期提出書類について
・その他

の論点について取りまとめられています。

「公益法人の会計に関する諸課題の検討状況について」

公益認定等委員会では、公益法人の会計に関する実務上の課題や公益法人を取り巻く新たな環境変化に伴う会計事象等に的確に対応するため、平成25年7月に同委員会の下で公益法人の会計に関する研究会が発足し、その後検討を重ねた結果、同研究会より平成27年3月に報告書が公表されました。以下報告書のポイントを解説します。

なお、小規模法人の負担軽減策について当初優先検討課題とされていましたが、小規模法人の定義付けが難しく、一定の合理的な根拠による線引きが困難なため、この報告書では小規模法人に限定した負担軽減策は見送られ、公益法人全体を対象とした内容になっています。

1 制度編

公益法人会計基準の適用の在り方

　現在，公益法人，移行法人，公益目的支出計画を完了した一般法人，公益認定申請を予定している一般法人，公益認定申請を予定していない一般法人等といくつかの法人類型が存在しています。これらの法人においては，平成16年会計基準の適用がFAQにおいても認められていたことから，平成20年会計基準のみならず，同様に適用されている実態があります。そこで両基準の違いを明らかにするため，日本公認会計士協会とも連携し，改めて検討する方向性が示されています。

　また，FAQの改廃・整理や公益法人会計基準に適用が明示されていない「資産除去債務に関する会計基準」，「会計上の変更及び誤謬の訂正に関する会計基準」等の企業会計における新たな会計基準の適用関係について検討されることも望まれています。

正味財産増減計算書内訳表における法人会計区分の義務付け緩和

　公益目的事業のみを行う法人が，財務状況から法人会計区分を作成する必要がない場合には，公益目的事業会計区分に管理費として計上することを認め，法人会計区分の作成は省略できるとされています。

財務諸表の様式及び勘定科目の改善

　正味財産増減計算書内訳表の正味財産残高の表示方法において，特に事業区分ごとの正味財産残高は必要とは考えられないため，貸借対照表の単位ごと（貸借対照表内訳表を作成している場合には会計区分ごと）に期首及び期末の正味財産残高を記載すれば足りると結論づけています。

財務三基準の解釈及び適用関係

　収支相償の剰余金の解消については，下記のように検討スケジュールを示し，次の年度が始まる前までに機関決定された具体的な解消計画を提出し，その後の事業年度で実行することにより，実質現在よりも1年間の延長がはかられる

1 制度編

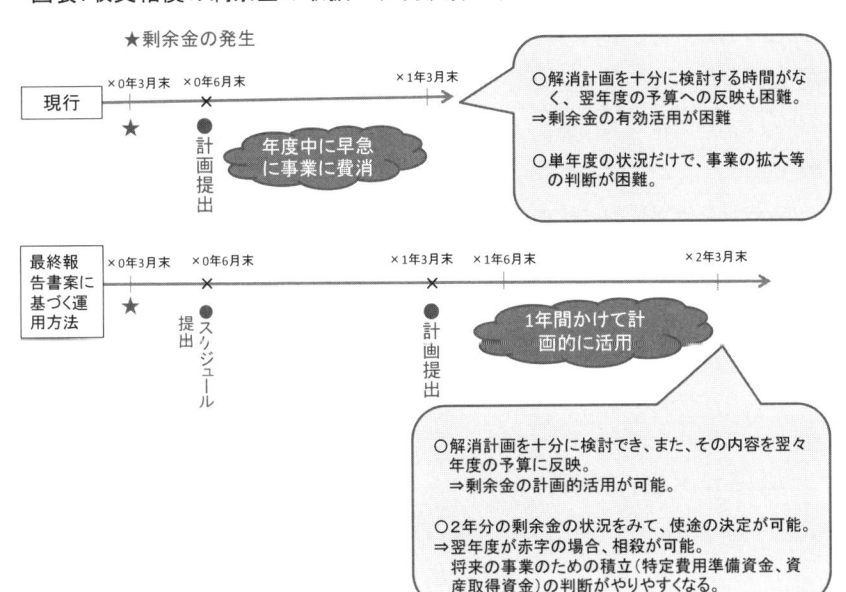

図表：収支相償の剰余金の取扱い（3月決算の例）

★剰余金の発生

現行
×0年3月末 ×0年6月末 ×1年3月末
★ 計画提出

年度中に早急に事業に費消

○解消計画を十分に検討する時間がなく、翌年度の予算への反映も困難。
⇒剰余金の有効活用が困難

○単年度の状況だけで、事業の拡大等の判断が困難。

最終報告書案に基づく運用方法
×0年3月末 ×0年6月末 ×1年3月末 ×1年6月末 ×2年3月末
★ 提出 スケジュール 計画提出

1年間かけて計画的に活用

○解消計画を十分に検討でき、また、その内容を翌々年度の予算に反映。
⇒剰余金の計画的活用が可能。

○2年分の剰余金の状況をみて、使途の決定が可能。
⇒翌年度が赤字の場合、相殺が可能。
将来の事業のための積立（特定費用準備資金、資産取得資金）の判断がやりやすくなる。

＜出所：「公益法人の会計に関する諸課題の検討状況について」添付資料＞

対応策を示しています。

また，剰余金の解消策として金融資産の取得を説明理由とする場合には，金融資産を取得することの必要性と合理性の観点から確認される必要があること，及び地震・火災等の災害時に備える特定費用準備資金は原則として認められないこと，過去の赤字補填は剰余金の使途としては適当でないこと，過去の公益目的保有財産取崩の充当のために剰余金を補填することは適当ではないことが示されています。

指定正味財産の考え方

指定正味財産の概念は平成16年会計基準改正時に新たに導入されましたが，その趣旨は寄附者等からの受託責任の明確化にあるため，寄附者の意思を法人側で十分に確認することが望まれます。よって，複数の公益目的事業を行って

いる法人への「公益目的事業のために使ってほしい」という寄附者からの指定は、どの公益目的事業に使用すればよいのか明確ではないため、改めて寄附者の意思の確認等が必要となります。あるいは、既に法人内部で定められている寄附に関する規程等で具体的な事業を特定できるか、又は具体的な事業に配分できることでもかまいません。単に「公益法人のために使ってほしい」という寄附者の意思は実質的に使途の指定がないものと判断されるため、指定正味財産に区分されることは適切ではありません。

指定正味財産を財源とする財産の運用益については、原則は一般正味財産、具体的な使途の制約があるものについてのみ指定正味財産として取り扱うことが適当と考えられます。

なお、合理的な理由もなく指定正味財産に置かれたままの状態では、本来の受託責任が果たされていないことより、当該寄附金は指定正味財産から一般正味財産へ会計上振り替えることが適当と考えられます。

定期提出書類について

公益目的事業の赤字を補填した財産は公的目的事業財産に含まれるかどうか法令等の解釈が分かれるところですが、研究会では含まれるという結論を示しています。

また、移行法人における実施事業資産の財務諸表に対する注記の方法として、以下の記載例が示されています。

(記載例)

  財務諸表（貸借対照表）に対する注記

   ○○．　実施事業資産は以下のとおりである。

基本財産	投資有価証券	500
その他固定資産	土　　　地	200
	建　　　物	100

2

会 計 編

QAの記載内容は，平成27年3月27日現在公表されている資料に基づいて記載しています。

Q1 公益法人の会計を理解する上で目を通しておくべき資料には何がありますか？

A 会計に限定すると,「公益法人会計基準」,「公益法人会計基準の運用指針について」及び日本公認会計士協会から公表されている「公益法人会計基準に関する実務指針」等があります。

---

① 「公益法人会計基準」
② 「公益法人会計基準の運用指針」
③ 「公益法人会計基準に関する実務指針」(その4まで公表)
④ 「非営利法人委員会研究報告第21号「公益法人の継続事業の前提について」」
⑤ 「非営利法人委員会研究資料第4号「貸借対照表内訳表及び正味財産増減計算書内訳表の作成と会計処理について」」
⑥ 「公益法人の会計に関する諸課題の検討状況について」

Q2
公益法人会計基準（平成20年会計基準）は平成16年に改正された会計基準とどのように違うのですか？

A 公益法人会計基準（平成20年会計基準）は公益法人制度改革関連三法を踏まえて会計基準について所要の見直しを行ったものです。

適用対象
① 公益社団・財団法人
② 移行法人（公益目的支出計画を実行している一般社団・財団法人）
③ 公益認定を申請する一般社団・財団法人（新設の一般社団，財団法人も適用可能）

主な改正点
① 財務諸表の表示科目，様式が会計基準から運用指針へ移されています。
② 附属明細書，基金，区分経理，公益目的保有財産など法令で新たに規定された事項についての定めや表示事項が加えられています。
③ 最近の妥当な会計慣行を踏まえた見直しが行われています。
④ 平成16年会計基準の改正ではなく，新たに基準を提示する公表形式とされました。

変 更 点

昭和60年基準 ⇒ 平成16年会計基準 ⇒ 平成20年会計基準

平成16年会計基準:
・収支計算から損益計算へ
・企業会計基準の導入
・ディスクロージャーの充実

平成20年会計基準:
公益法人制度改革三法に対するための改正

平成16年会計基準
　会計基準
　注解
　別表
　様式

改正 ⇒

平成20年会計基準
　会計基準
　注解

運用指針
　別表
　様式

2 会計編

Q3 平成20年会計基準と平成16年会計基準とでは財務諸表の定義がどのように違うのですか？

A 財産目録が財務諸表から外れました。

財務諸表とは

法人の利害関係者に対して開示・報告するための決算資料のことです。

財務諸表の体系等

平成16年会計基準は、財務諸表を会計基準上で取り扱う書類と定め、貸借対照表、正味財産増減計算書、財産目録及びキャッシュ・フロー計算書を含めていました。しかし、公益法人制度改革関連三法における会計に関する書類の定めとは不整合があったため、検討の結果、平成20年会計基準において財産目録は財務諸表の範囲から除かれました。

2 会計編

[平成16年会計基準]

財務諸表
- 貸借対照表
- 正味財産増減計算書
- 財産目録
- キャッシュ・フロー計算書

→ 改正 →

[平成20年会計基準]

財務諸表
- 貸借対照表
- 正味財産増減計算書
- キャッシュ・フロー計算書

上記に加えて
＋
附属明細書
＋
財産目録

2 会計編

Q4
平成20年会計基準では会計区分が変わったと聞きましたが、何が変わったのですか？

A 法人全体の財務諸表及び附属明細書並びに財産目録が基本となります。

会計区分の考え方

平成16年会計基準では、特別会計を設けている場合、まずは会計区分ごとに貸借対照表及び正味財産増減計算書を作成し、総括表により法人全体のものを表示していました。しかし、平成20年会計基準では法人全体の財務諸表及び附属明細書並びに財産目録が基本となり、会計区分ごとの情報は、貸借対照表及び正味財産増減計算書の内訳表として、それぞれに準じた様式で表示するものと整理されました。

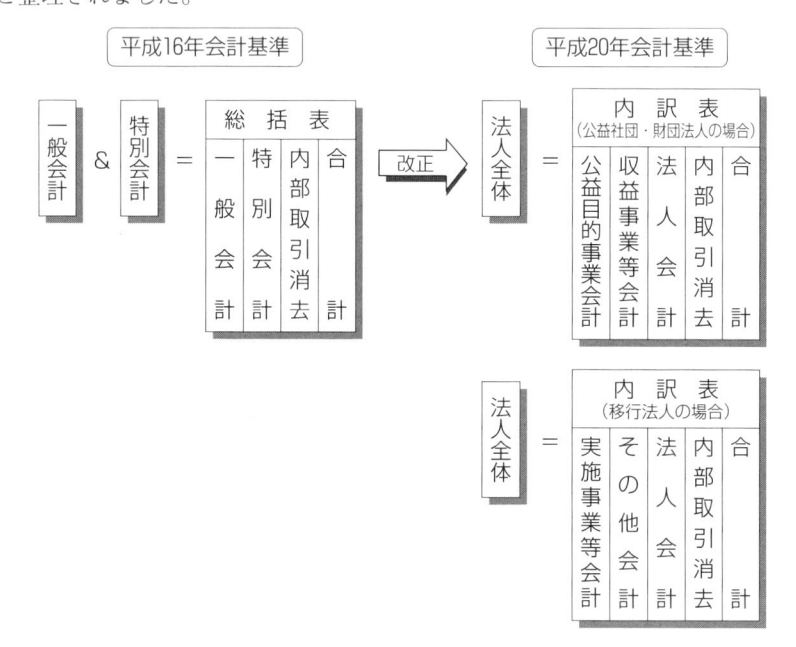

平成16年会計基準

一般会計 & 特別会計 = 総括表（一般会計／特別会計／内部取引消去／合計）

改正 →

平成20年会計基準

法人全体 = 内訳表（公益社団・財団法人の場合）（公益目的事業会計／収益事業等会計／法人会計／内部取引消去／合計）

法人全体 = 内訳表（移行法人の場合）（実施事業等会計／その他会計／法人会計／内部取引消去／合計）

様　　式

公益社団・財団法人が会計区分を有する場合には，貸借対照表の内訳表として以下のように表示します。(一部略)

貸借対照表内訳表

平成　年　月　日　現在　　　　　　(単位：円)

科　　目	公益目的事業会計	収益事業等会計	法人会計	内部取引消去	合　計
Ⅰ　資産の部					
1　流動資産					
2　固定資産					
資産合計					
Ⅱ　負債の部					
1　流動負債					
2　固定負債					
負債合計					
Ⅲ　正味財産の部					
1　指定正味財産					
2　一般正味財産					
正味財産合計					
負債及び正味財産合計					

＜出所：「公益法人会計基準」の運用指針＞

2 会計編

　移行法人が会計区分を有する場合には，貸借対照表の内訳表として以下のように表示します。（一部略）

貸借対照表内訳表

平成　　年　　月　　日　現在　　　　　　　　（単位：円）

科　　目	実施事業等会計	その他会計	法人会計	内部取引消去	合　計
Ⅰ　資産の部					
1　流動資産					
2　固定資産					
資産合計					
Ⅱ　負債の部					
1　流動負債					
2　固定負債					
負債合計					
Ⅲ　正味財産の部					
1　指定正味財産					
2　一般正味財産					
正味財産合計					
負債及び正味財産合計					

＜出所：「公益法人会計基準」の運用指針＞

公益社団・財団法人の会計区分については，正味財産増減計算書の内訳書として以下のように表示します。（一部略）

なお，会計区分のうち公益目的事業内の区分については，法人が事業の内容に即して集計単位を定めることができます。

正味財産増減計算書内訳表

平成　年　月　日から　平成　年　月　日まで　　　　（単位：円）

科　目	公益目的事業会計				収益事業等会計				法人会計	内部取引消去	合計
	A事業	B事業	共通	小計	a事業	b事業	共通	小計			
Ⅰ　一般正味財産増減の部											
1　経常増減の部											
Ⅲ　正味財産期末残高											

＜出所：「公益法人会計基準」の運用指針＞

移行法人の会計区分は，正味財産増減計算書の内訳表として以下のように表示します。（一部略）

正味財産増減計算書内訳表

平成　年　月　日から　平成　年　月　日まで　　　　（単位：円）

科　目	実施事業等会計				その他会計				法人会計	内部取引消去	合計
	A事業	B事業	共通	小計	a事業	b事業	共通	小計			
Ⅰ　一般正味財産増減の部											
1　経常増減の部											
Ⅲ　正味財産期末残高											

＜出所：「公益法人会計基準」の運用指針＞

Q5
平成20年会計基準では,財産目録の記載内容が変わったと聞きましたが,どのように変わったのですか？

A 財産目録は,すべての資産及び負債につき,従来通り,その名称,数量,価額等を詳細に表示することに加え,使用目的も表示することとなりました。また,一般社団・財団法人には財産目録の作成義務はありません。

財産目録とは

財産目録は,事業年度末現在におけるすべての資産及び負債に関し,その名称,数量,価額等を詳細に表示した書類のことです。

財産目録の記載内容

財産目録には従来の内容に加え,使用目的も表示します。

なお,支部を有する法人は支部単位での明細を作成します。

また,特定費用準備資金,資産取得資金,不可欠特定財産を有する場合には,使用目的等の欄に明示します。

上記の変更により,何の事業にどの財産が使用されているのかが一目見て理解できるようになったといえます。

▼財産目録の記載例

財　産　目　録

平成　　年　　月　　日　現在　　　　　　（単位：円）

貸借対照表科目		場所・物量等	使用目的等	金　額
（流動資産）	現　　　　金	手元保管	運転資金として	×××
	預　　　　金	普通預金 ○○銀行○○支店	運転資金として	×××
流動資産合計				×××
（固定資産） 基　本　財　産	土　　　　地	○○㎡ ××市▽▽町３－５	公益目的保有財産であり，○○事業の施設に使用している。	×××
	美　術　品	絵画　○点 ○年○月以前取得	公益目的保有財産であり，○○事業に供している不可欠特定財産である。	×××
	投資有価証券	第○回利付国債他	公益目的保有財産であり，運用益を○○事業の財源としている。	×××
特　定　資　産	○○積立資産	定期預金 ○○銀行○○支店	○○事業の積立資産であり，特定費用準備資金として管理されている預金	×××
その他固定資産	・・・・・	・・・・・	・・・・・	×××
				×××
固定資産合計				×××
資　産　合　計				×××
（流動負債）	未　払　金	○○に対する未払額	○○事業に供する備品購入の未払分	×××
流動負債合計				×××
（固定負債）	退職給付引当金	従業員に対するもの	従業員○○名に対する退職金の支払いに備えたもの	×××
固定負債合計				×××
負　債　合　計				×××
正　味　財　産				×××

なお，上記ひな型では詳細な記載を表示できない場合には，下記に従い明細を作成します。

公益目的保有財産の明細

財産種別	公益認定前取得不可欠特定財産	公益認定後取得不可欠特定財産	その他の公益目的保有財産	使用事業
土　　地				
美　術　品				
………………				
合　　計				

＜出所：「公益法人会計基準」の運用指針＞

Q6 附属明細書とは何ですか？

A 公益法人関連の法律において定められている書類です。

附属明細書の規定

附属明細書は，法人法において作成することが定められています。さらに，法人法施行規則及び「一般社団法人及び一般財団法人に関する法律及び公益社団法人及び公益財団法人の認定等に関する法律の施行に伴う関係法律の整備等に関する法律施行規則」（以下「整備規則」という）において，附属明細書の記載項目が定められています。

附属明細書の内容

附属明細書には，以下の事項を記載することとなっています。
① 基本財産及び特定資産の明細
② 引当金の明細

附属明細書の様式

① 基本財産及び特定資産の明細

(単位：円)

区　分	資産の種類	期首帳簿価額	当期増加額	当期減少額	期末帳簿価額
基本財産	土　　　地				
	建　　　物				
	………………				
	………………				
	基 本 財 産 計				
特定財産	退職給付引当資産				
	○○積立資産				
	………………				
	………………				
	特 定 資 産 計				

② 引当金の明細

(単位：円)

区　分	期首残高	当期増加額	当期減少額 目的使用	当期減少額 その他	期末残高
賞与引当金					
………………					

Q7 社団法人の基金とは何ですか？

A 社団法人に拠出された金銭その他の財産であり，法人法第131条により規定されています。法人には返還義務があります。

基金設定の目的

社団法人は財団法人と違い，財産的基盤が脆弱なため，これを補うための制度として基金が設けられました。

基金の規定

法人法において，一般社団法人では基金の設定が可能であり，かつ，「法人法施行規則」，「認定法施行規則」及び「整備規則」において，基金は純資産の部に記載する旨の定めが置かれています。

基金を設定した場合には，貸借対照表の正味財産の部を「基金」，「指定正味財産」及び「一般正味財産」の3つに区分し，基金の額を記載することになります。

2 会計編

基金がある場合の様式例（正味財産の部抜粋）

区　　　　分	当　年　度	前　年　度	増　　減
Ⅲ　正味財産の部			
1　基　　　金			
（うち基本財産への充当額）	（　　　　）	（　　　　）	（　　　　）
（うち特定資産への充当額）	（　　　　）	（　　　　）	（　　　　）
2　指定正味財産			
国庫補助金			
………………			
指定正味財産合計			
（うち基本財産への充当額）	（　　　　）	（　　　　）	（　　　　）
（うち特定資産への充当額）	（　　　　）	（　　　　）	（　　　　）
3　一般正味財産			
(1)　代　替　基　金※			
(2)　その他一般正味財産			
一般正味財産合計			
（うち基本財産への充当額）	（　　　　）	（　　　　）	（　　　　）
（うち特定資産への充当額）	（　　　　）	（　　　　）	（　　　　）
正味財産合計			
負債正味財産合計			

※　代替基金：基金を返還するときは，返還する基金に相当する金額を代替基金として計上しなければなりません。この代替基金は取崩し不可です。

Q8
公益社団・財団法人，一般社団・財団法人（移行法人）は各々どの会計基準を適用すればよいのでしょうか？

A 特定の会計基準の適用は義務付けられていませんが，公益社団・財団法人及び一般社団・財団法人（移行法人）においては，法令で定められた書類を法令に則った方法により作成し，提出しなければなりません。

法令で定められた書類を作成するためには，平成20年改正公益法人会計基準を使用するのが望ましいと考えられます。

会計基準適用の考え方

公益社団・財団法人について，特定の会計基準の適用を義務づけていることはありませんが，一般に公正妥当と認められる公益法人の会計基準その他の公益法人の会計の慣行によることが求められます（認定法施行規則12条）。

また，一般社団・財団法人（移行法人）においても，特に義務付けられている会計基準はなく，一般に公正妥当と認められる会計の基準その他の会計の慣行によることが求められます（法人法施行規則21条）。

平成16年会計基準の適用や一般社団・財団法人においては企業会計の基準をも適用することが可能ですが，どのような会計基準を選択する場合であっても，法令に則った書類を作成することが必要となります。そのためには，やはり平成20年会計基準を適用するのが一番手間がかからず望ましいと考えられます。

以下が作成の義務付けられている書類となります。

2 会 計 編

公益社団・財団法人

貸借対照表※
損益計算書(正味財産増減計算書のことを指します)※
附属明細書
キャッシュ・フロー計算書※(ただし,会計監査人設置義務法人のみ)
財産目録

移行法人・一般社団法人・財団法人

貸借対照表※
損益計算書※
附属明細書

(※は財務諸表です)

<出所:公益認定等委員会HP「FAQ(よくある質問)問Ⅵ-4-②,③」>

2 会計編

Q9 公益社団・公益財団法人はどういう書類を作成し、備え置かなければならないのでしょうか？

A 公告義務をはじめ、書類の種類により作成期限・保存期間が定められています。

作成・備えておく必要がある書類

時　期	公　益　社　団	公　益　財　団
作成必須・常時備え置き	定款, 社員名簿	定款
事業年度開始前日までに備え置き	事業計画書, 収支予算書, 資金調達及び設備投資の見込みを記載した書類	
事業年度経過後3ヶ月以内に作成, その後5年間備え置き	財産目録, 役員等名簿, 役員等報酬の支給の基準, キャッシュ・フロー計算書（会計監査人設置義務法人のみ）, 運営組織及び事業活動の状況の概要及びこれらに関する数値のうち重要なものを記載した書類	
定時社員総会又は定時評議員会の2週間前の日から5年間備え置き	各事業年度に係る計算書類（貸借対照表及び損益計算書）及び事業報告並びにこれらの附属明細書, 監査報告, 会計監査報告（会計監査人設置法人のみ）	
定時社員総会又は定時評議員会終結後遅滞なく公告	貸借対照表（ちなみに負債額が200億円以上の大規模一般法人については貸借対照表及び損益計算書）	
議事録の作成義務	社員総会 理事会	評議員会 理事会

＜出所：公益認定等委員会HP「FAQ（よくある質問）問Ⅵ-5-①」＞

Q10
一般社団・一般財団法人はどういう書類を作成し，備え置かなければならないのでしょうか？

A 公益社団・財団法人と同様のものもありますが，規定が置かれていないものもあります。

作成・備えておく必要がある書類

時　期	一　般　社　団	一　般　財　団
作成必須・常時備え置き	定款，社員名簿	定款
定時社員総会又は定時評議員会の2週間前の日から5年間備え置き	各事業年度に係る計算書類（貸借対照表及び損益計算書）及び事業報告並びにこれらの附属明細書，監査報告，会計監査報告（会計監査人設置法人のみ） ※　理事会非設置一般社団法人は1週間前から	
定時社員総会又は定時評議員会終結後遅滞なく公告	貸借対照表（負債額が200億円以上の大規模一般法人については貸借対照表及び損益計算書）	
議事録の作成義務	社員総会 理事会	評議員会 理事会

＜出所：公益認定等委員会HP「FAQ（よくある質問）問Ⅵ-5-①」＞

Q11 貸借対照表とは何ですか？

A 法人の各事業年度末現在におけるすべての資産，負債及び正味財産の状態を明瞭に表示するものです。

貸借対照表とは

貸借対照表とは，その法人の当該事業年度末におけるすべての資産，負債及び正味財産を明瞭に示すことにより，財政状態を判断しうる開示資料となるものです。

様　式

資　産　の　部	負　債　の　部
流　動　資　産	流　動　負　債
固　定　資　産	固　定　負　債
基　本　財　産	
特　定　資　産	正味財産の部
その他固定資産	基金（基本財産及び特定資産への充当額を内書き記載）
	指定正味財産（基本財産及び特定資産への充当額を内書き記載）
	一般正味財産（基本財産及び特定資産への充当額を内書き記載）

Q12 正味財産増減計算書とは何ですか？

A 法人の当該事業年度における正味財産のすべての増加，減少の内容を示す書類です。

正味財産増減計算書とは

正味財産増減計算書とは，その法人の当該事業年度におけるすべての正味財産の増減内容を示すことにより，運営状況を判断しうる開示資料となるものです。

様　式

科　　　目	当 年 度	前 年 度	増　　減
Ⅰ　一般正味財産増減の部 　1　経常増減の部 　　(1) 経　常　収　益 　　(2) 経　常　費　用 　2　経常外増減の部 　　(1) 経 常 外 収 益 　　(2) 経 常 外 費 用 　　　……………… 　　　……………… Ⅱ　指定正味財産増減の部 　　当期指定正味財産増減額 　　指定正味財産期首残高 　　指定正味財産期末残高 Ⅲ　正味財産期末残高			

Q13 キャッシュ・フロー計算書について教えてください

A キャッシュ・フロー計算書は事業年度における資金の状況を表す財務諸表です。

キャッシュ・フロー計算書は法人の資金の増加と減少を示すもので、法人における事業年度での資金の動きを表す財務諸表です。

従来、固定資産の購入及び借入金の返済等、資金の動きが資金収支計算書において示されていましたが、平成16年会計基準から資金収支計算書は財務諸表から外れたため、これに代わる外部開示資料として作成されることになりました。

平成16年会計基準では、大規模法人にその作成が義務付けられ、平成20年会計基準では、会計監査人を設置する公益社団・財団法人にその作成が義務付けられています。

平成16年会計基準でいう大規模法人とは、前事業年度の貸借対照表の資産合計額が100億円以上若しくは負債合計額が50億円以上又は正味財産増減計算書の経常収益の合計額が10億円以上の法人です。

平成20年会計基準において会計監査人の設置が義務付けられる法人は以下のとおりとなっています。

法人の区分	会計監査人の設置が義務付けられる法人
一般社団・財団法人	最終事業年度の貸借対照表の負債の部に計上した額が200億円以上の法人
公益社団・財団法人	最終事業年度に係る損益計算書の収益の部の額が1,000億円以上、又は費用及び損失の額が1,000億円以上、又は最終事業年度の貸借対照表の負債の部に計上した額が50億円以上の法人

2 会計編

Q14 基本財産とは何ですか？

A 定款で定められた財産です。

基本財産とは

　公益法人等のうち，財団法人とは特定の目的を達成するために寄附された財産に法人格が付与されたものであり，その保有する財産の運用果実をもとに公益事業が営まれます。「基本財産」は維持存続されるべきもののため，やむを得ない理由がある場合を除き，売却処分をしたり，担保に供することはできません。

　したがって，基本財産は運用果実を生み出すことのできる資産で，かつ減価しない資産で保有することが望ましいとされています。

　一方，社団法人は人（会員）を中心とした集合体であるため，必ずしも基本財産は必須とされていません。ただし，定款において基本財産に関する規定を設ける場合もあります。社団法人は会員の会費だけでは安定した運営が困難な場合もあり，平成20年会計基準で基金制度が設けられました。

Q15 基本財産が減少することもあるのですか？

A 減価償却，時価評価等の会計手法が取り込まれた結果，基本財産の処分を行わなくても基本財産の金額が減少することもあります。

基本財産金額の減少

　平成20年会計基準においては，減価償却の実施，時価評価等の会計手法が採用されているため，有形・無形固定資産は減価償却により減少し，投資有価証券は市場価格の変動によりその貸借対照表計上額が増減します。

　上記のような会計上の認識にとどまっている基本財産の減少額については，処分に該当しないものとして取り扱われます。

　『「公益法人会計基準の改正等について」（平成16年10月14日公益法人等の指導監督等に関する関係省庁連絡会議申合せ）等の実施に伴う財団法人の基本財産の指導監督について（通知）』が平成17年3月23日付で公表されていますが，その中では以下の場合を，基本財産の処分に該当するものとしています。

　① 基本財産となっている資産の喪失
　② 法人の意思に基づく基本財産としての性質の著しい変更
　③ 法人の意思に基づく基本財産の額の減少

　なお，減価償却や時価評価に伴う減少額等の会計上の認識にとどまっている基本財産の減少額については，処分に該当しないものとして取り扱うとされています。

2 会 計 編

Q16
特定資産とはどのようなものですか？

A 保有目的を示す独立の科目をもって，貸借対照表上，固定資産の区分に計上する資産です。

特 定 資 産

　特定資産とは，使用・保有又は運用等に関し一定の制約が課されている場合に，当該固定資産の保有目的を示す科目名をつけ，区分・管理される資産のことをいいます。

　具体的には，将来の退職給与の支払いのために積み立てた資産（＝退職給付引当資産）やある特定の事業の実施を条件に受け入れた寄附財産等が特定資産とされます。

Q17 基本財産と特定資産との違いを教えてください

A 定款において定められた財産が基本財産です。基本財産以外の固定資産において一定の制約が課された財産が特定資産です。

基本財産と特定資産

　基本財産とは，定款において基本財産として定められた財産のことをいいます。一方，特定資産とは，特定の目的のために保有する資産であって，使用・保有又は運用等に関し一定の制約が課されている資産です。

　基本財産は，特に財団法人にとって法人の財政基盤となるものであり，その運用果実は重要な運営財源となるため，基本財産の処分は原則としてできません。これに対し，特定資産は特定の目的のために設定され，保有・取崩しが行われます。

基本財産
・定款等で定められた財産
・処分は原則として×

特定資産
・特定目的のために保有される財産
・特定目的の遂行のためであれば取崩しも行われる

2 会計編

Q18
基本財産，特定資産と指定正味財産，一般正味財産との関係を教えてください

A　貸借対照表の借方に位置するのが基本財産・特定資産，貸方に位置するのが指定正味財産と一般正味財産です。借方の財産の財源を示すのが指定正味財産と一般正味財産ということになります。

基本財産・特定資産と指定正味財産・一般正味財産

① **基本財産の財源**

　寄附者等が，基本財産とすることを条件として寄附した部分は，指定正味財産を財源とします。また，法人自らの意思で自己資金等を基本財産とした部分は一般正味財産を財源とします。

② **特定資産の財源**

　特定資産のうち，寄附者等が使途に関して制約を課し，法人が受け入れた部分は，指定正味財産を財源とします。また，法人自らが使途に関する制約を課したり，保有又は運用に制約を課した部分は，一般正味財産ないし負債を財源とします。

　なお，基本財産以外の固定資産については，特定の目的のために使途や保有又は運用方法等に関して，一定の制約が課されている場合，当該固定資産は特定資産に区分されます。例えば，補助金によって取得した建物は交付要綱等によって保有上の制約が存在することから，特定資産に区分されるのが通常です。

基本財産		指定正味財産
特定資産		一般正味財産
その他固定資産		負　　債

<出所:「公益法人会計基準に関する実務指針(その2)QA8」>

Q19 有価証券の分類，評価方法について教えてください

A 有価証券はその保有目的により分類し，評価を行います。

有価証券の分類・評価方法

有価証券については，以下に掲げる保有目的に応じて，それぞれに掲げる価額をもって，その貸借対照表価額とします。

区　　　　　　　　　　分		評価方法
満期保有目的の債券	取得価額と債権金額との差額が金利の調整と認められる場合	償却原価法
	上記以外	取得価額
子会社株式及び関連会社株式		取得価額
上記以外の有価証券	市場価格のあるもの	時　　価
	市場価格のないもの	取得価額

① 満期保有目的の債券

満期保有目的の債券は，その取得時点において満期まで所有する意思をもって保有する社債その他の債券をいいます。

ここでいう「満期まで所有する意思をもって保有する」とは，法人が償還期限まで所有するという積極的な意思とその能力に基づいて保有することをいいます。

② 満期保有目的の債券の保有目的の変更及び一部売却の場合

満期まで保有するか否かの意思は取得時点において判断すべきものであり，いったん他の保有目的で取得した債券について，その後保有目的を変更して満期保有目的の債券に振り替えることは認められません。

一方，満期保有目的債券に分類された債券につき，その一部を売買目的有価証券又はその他有価証券に振り替えたり，償還期限前に売却を行った場合には，満期保有目的の債券に分類された残りすべての債券について，保有目的の変更があったものとして売買目的有価証券又はその他有価証券に振り替えなければなりません。さらに，保有目的の変更を行った事業年度を含む二事業年度においては，取得した債券を満期保有目的の債券に分類することはできません。

　ただし，当該債券を保有し続けることによる損失又は不利益を回避するため，一部の債券について保有目的を振り替えたり，償還期限前に売却した場合には，残りの満期保有目的債券についてまで満期まで保有する意思を変更したとは判断されないため，売買目的有価証券又はその他有価証券に振り替える必要はありません。

③　子会社株式及び関連会社株式

　子会社株式及び関連会社株式は，当該法人の子会社及び関連会社に該当する会社の株式です。

　このうち子会社とは，株式会社の過半数の株式を保有している場合の当該株式会社をいいます。

　また，関連会社とは，法人が株式会社の全株式の20％以上50％以下を保有している場合の当該株式会社をいいます。

2 会計編

Q20
外貨建有価証券の決算時の会計処理を教えてください

A 子会社株式及び関連会社株式を除いて、決算時の為替相場による円換算額を付します。

外貨建有価証券の換算方法

　外貨建有価証券は、子会社株式及び関連会社株式を除いて、決算時の為替相場による円換算額を付します。決算時における換算によって生じた換算差額は、原則として当事業年度の為替差損益として処理することになります。
　具体的には、
1) 満期保有目的の外貨建債券については、決算時の為替相場による円換算額を付します（外貨建債券について償却原価法を適用する場合の償却額は、外国通貨による償却額を期中平均相場により円換算した額によります）。
2) 満期保有目的の債券並びに子会社株式及び関連会社株式以外の有価証券のうち市場価格のあるものについては、外国通貨による時価を決算時の為替相場により円換算した額を付します。
3) 外貨建有価証券について時価の著しい下落又は実質価額の著しい低下により評価額の引下げが求められる場合には、外国通貨による時価又は実質価額を決算時の為替相場により円換算した額を当該外貨建有価証券の価額とします。
4) 決算時における換算によって生じた換算差額は、原則として、当事業年度の為替差損益として処理することになっていますが、法人が所有する外貨建有価証券に係る換算差額は為替差損益として別掲せず、評価損益に含めて処理することができます。

2 会 計 編

> 基本：決算時の為替相場を使用します

<出所：「公益法人会計基準に関する実務指針　QA5」>

2 会計編

Q21
有価証券の市場価格並びに時価とは何ですか？

A 　有価証券の市場価格とは，公表されている取引価格のことをいいます。有価証券の時価とは，独立した第三者間での取引で成立する価格のことをいいます。

有価証券の区分と市場価格

　市場価格とは，売買が行われている市場において有価証券の売却により入手できる金銭の額又は取得のために支払う金銭の額をいいます。具体的には以下の公表されている取引価格が市場価格とされます。

取引所に上場されている有価証券	取引所には国内はもとより，国外も含まれます。複数の取引所に上場されている場合には，取引が最も活発にされている取引所のものとします。
店頭において取引されている有価証券	公正な価格を提供することを目的として組織化された業界団体が公表する価格とします。ただし，業界団体が公表する価格がない場合等は，ブローカーの店頭において成立する価格とすることもできます。
上記に準じて随時売買，換金等が可能なシステムにより取引されている有価証券	取引所及び店頭において取引が行われていなくても，随時，売買，換金等が行えるシステムが整備されている場合には，そこで成立する取引価格が市場価格とされます。

＜出所：「公益法人会計基準に関する実務指針　QA6」＞

有価証券の時価

　有価証券に付すべき時価には，「市場価格に基づく価額」と，当該有価証券に市場価格がない場合の「合理的に算定された価額」とがあります。具体的には，以下のとおりです。

株　　　式	市場価格に基づく価額が時価であり，市場において公表されている取引価格の終値を優先適用します。終値がなければ気配値を適用します。当日に終値も気配値も公表されていない場合には，同日前直近において公表された終値又は気配値とします。
債　　　券	市場価格に基づく価額が時価であり，市場価格がない場合には，市場価格に準ずるものとして合理的に算定された価額とします。市場価格とされる取引価格は，株式の取引価格に準じた終値又は気配値とします。
証券投資信託	市場価格

＜出所：「公益法人会計基準に関する実務指針　ＱＡ７」＞

Q22
投資有価証券評価損益は正味財産増減計算書においてどこに記載するのですか？

A 正味財産増減計算書の様式で，投資有価証券等の評価損益等を含む前の経常収益と経常費用との差額を「評価損益等調整前当期経常増減額」として表示し，その下に投資有価証券等の評価損益等を計上し，「当期経常増減額」を表示します。

この評価損益等には，評価損益及び売却損益の両方が含まれます。

投資有価証券評価損益

満期保有目的債券，子会社株式及び関連会社株式以外の有価証券のうち市場価格のあるものについては，時価をもって貸借対照表価額とすることとされています。

平成20年会計基準

時価評価の考え方は平成16年会計基準時に導入されましたが，時価評価を行うことにより，毎年経常的に評価損益が発生・計上されることになります。

しかし，投資有価証券等の評価損益等は法人の意思にかかわらず発生するものであり，これらを通常の経常損益に含めて表示すると，かえって本来の事業運営の姿が見えにくくなる恐れがあります。このため平成20年会計基準では以下の様式に変更されました。

この結果，投資有価証券等の評価損益等を含めない場合と含める場合の両方の経常増減額が表示され，金額の比較ができることになりました。

正味財産増減計算書

Ⅰ 一般正味財産増減の部
  1 経常増減の部
   (1) 経　常　収　益
   (2) 経　常　費　用
  <u>評価損益等調整前当期経常増減額</u>
  基本財産評価損益等
  特定資産評価損益等
  投資有価証券評価損益等
  評価損益等計
  <u>当期経常増減額</u>
  2 経常外増減の部

2 会計編

Q23
「資産の時価が著しく下落したときは，回復の見込みがあると認められる場合を除き，時価をもって貸借対照表価額としなければならない」と会計基準にありますが，有価証券の場合には具体的にどういう状態の時にどのようにすればよいのでしょうか？

A 著しく下落したときは，評価損の計上を行い，有価証券の貸借対照表計上額も減少させる必要があります。

著しい下落とは

　平成20年会計基準の運用指針において，「資産の時価が著しく下落したときとは，時価が帳簿価額から概ね50％を超えて下落している場合をいうものとする。」とあります。したがって，合理的な反証がない限り，有価証券の時価が取得価額に比べて50％程度又はそれ以上下落した場合には「著しく下落したとき」に該当するため，評価減を行う必要があります。

仕 訳 例

　一般正味財産を財源とする投資有価証券10,000千円の時価が4,000千円の場合

＜単位：千円＞

(借) 投資有価証券評価損 （正味財産増減計算書 　一般正味財産増減の部）	6,000	(貸) 投資有価証券 （貸借対照表）	6,000

＜出所：「公益法人会計基準に関する実務指針　QA8」＞

Q24
指定正味財産を財源とする寄附によって受け入れた満期保有目的の債券（基本財産）について償却原価法を適用する場合の会計処理を教えてください

A 金利の調整部分の仕訳と受取利息の受取時の仕訳が必要となります。

償却原価法とは

　償却原価法は，満期保有目的債券を債券金額より低い価額又は高い価額で取得した場合において，取得価額と債券金額との差額の性格が金利の調整と認められるときに，当該差額を保有期間にわたって受取利息処理（加算又は減算）により期間配分する方法です。

　また公益法人会計基準注解において，「指定正味財産に区分される寄附によって受け入れた有価証券を時価又は償却原価で評価する場合には，従前の帳簿価額との差額は，正味財産増減計算書上，指定正味財産増減の部に記載するものとする。」とされています。

　したがって，指定正味財産を財源とする寄附によって受け入れた有価証券について償却原価法を採用する場合には，正味財産増減計算書の指定正味財産増減の部において基本財産受取利息処理（加算又は減算）を行うことになります。

仕 訳 例

① **債券金額より低い価額で取得した場合**

5年満期の新発の債券（額面10,000）を当年度期首に9,500で取得した場合

a 当年度中に受取利息250を受け取った

<単位：千円>

（借）現 金 預 金	250	（貸）基本財産運用益 －基本財産受取利息（指定正味）	250

b 当該受取利息を一般正味財産増減の部に振り替える

<単位：千円>

（借）一般正味財産への 振替額（指定正味）	250	（貸）基本財産運用益 －基本財産受取利息（一般正味）	250

c 当年度末に償却原価法を適用したときの仕訳

<単位：千円>

（借）基 本 財 産 －投資有価証券	100	（貸）基本財産運用益 －基本財産受取利息（指定正味）	100

額面と取得価額との差額を，取得時から満期時までの期間で配分します。

$$(10,000 - 9,500) \times \frac{1}{5} = 100$$

② **債券金額より高い価額で取得した場合**

5年満期の新発の債券（額面10,000）を当年度期首に10,500で取得した場合

a 当年度中に受取利息500を受け取った

<単位：千円>

（借）現 金 預 金	500	（貸）基本財産運用益 －基本財産受取利息（指定正味）	500

b 当該受取利息を一般正味財産増減の部に振り替える

<単位:千円>

| (借)一般正味財産への
　　振替額(指定正味) | 500 | (貸)基本財産運用益
　　－基本財産受取利息(一般正味) | 500 |

c 当年度末に償却原価法を適用したときの仕訳

<単位:千円>

| (借)基本財産運用益
　　－基本財産受取利息(指定正味) | 100 | (貸)基　本　財　産
　　－投資有価証券 | 100 |

額面と取得価額との差額を,取得時から満期時までの期間で配分します。

$$(10,000 - 10,500) \times \frac{1}{5} = \triangle 100$$

※　特定資産に属する有価証券の場合には,その相手科目は「特定資産運用益－特定資産受取利息(指定正味)」となります。

<出所:「公益法人会計基準に関する実務指針　QA9」>

2 会計編

Q25
重要な会計方針として有価証券の評価基準及び評価方法を記載する場合の注記例を教えてください

A 財務諸表に対する注記「1　重要な会計方針　有価証券の評価基準及び評価方法」における記載例としては，次のようなものが考えられます。

注 記 例

[有価証券の評価基準及び評価方法]
1　満期保有目的の債券〜償却原価法（定額法）によっている。
2　子会社株式及び関連会社株式〜移動平均法による原価法によっている。
3　満期保有目的の債券並びに子会社株式及び関連会社株式以外の有価証券
　(1)　時価のあるもの〜期末日の市場価格等に基づく時価法（売却原価は移動平均法により算定）によっている。
　(2)　時価のないもの〜移動平均法による原価法によっている。

＜出所：「公益法人会計基準に関する実務指針　QA12」＞

2 会計編

Q26
使途を指定された寄附金等により取得した株式,債券及び不動産等について,評価損が発生することにより指定正味財産が減少する場合がありますが,この場合の会計処理はどのようになるのですか？

A 指定の解除が発生したかどうかにより指定正味財産から一般正味財産への振替を行う必要があるかどうかを判断します。

指定正味財産が減少する場合とは

指定正味財産が増減する要因には,①使途を指定された補助金や寄附金等を受け入れた場合,②使途の解除により指定正味財産を一般正味財産へ振り替えた場合,③指定正味財産に対する資産の評価損益を認識する場合,等が考えられます。

このうち,保有する株式,債券及び不動産等に評価損等が発生することにより指定正味財産が減少する場合については,具体的には以下の事例が考えられます。

① 満期保有目的の債券に対して,償却原価法を適用した場合
② 満期保有目的の債券並びに子会社株式及び関連会社株式以外の有価証券のうち市場価格のあるものについて時価が下落した場合
③ 発行会社の破綻又はその他の理由により,株式の時価又は実質価額が著しく下落した場合（回復の見込みがあると認められる場合を除く）
④ 土地等の不動産の価額が著しく下落した場合（回復の見込みがあると認められる場合を除く）

上記①及び②の場合には,指定正味財産増減の部において,運用損又は評価損等を計上することになり,上記③及び④の場合には,一般正味財産増減の部

において評価損等を計上するとともに、それに対応する金額を指定正味財産増減の部から一般正味財産増減の部へ振り替える会計処理をすることになります。

仕 訳 例

① 満期保有目的債券の償却額500を計上する

<単位：千円>

| (借) 特定資産運用益
　　　 (指　　定) | 500 | (貸) ○○積立資産
　　　 －投資有価証券 | 500 |

② 時価のある有価証券の評価損800を計上する

<単位：千円>

| (借) 特定資産評価損
　　　 (指　　定) | 800 | (貸) ○○積立資産
　　　 －投資有価証券 | 800 |

③ 時価が著しく下落し、回復の見込みがないため、評価損900を計上する

<単位：千円>

| (借) 特定資産評価損
　　　 (一　　般)
　　　 一般正味財産への振替額
　　　 (指　　定) | 900

900 | (貸) ○○積立資産
　　　 －投資有価証券
　　　 受取寄附金（一般） | 900

900 |

④ 土地の価額が著しく下落し、回復の見込みがないため、評価損1,000を計上する

<単位：千円>

| (借) 特定資産評価損
　　　 (一　　般)
　　　 一般正味財産への振替額
　　　 (指　　定) | 1,000

1,000 | (貸) 土　　　　地

　　　 受取寄附金（一般） | 1,000

1,000 |

<出所：「公益法人会計基準に関する実務指針　ＱＡ20」＞

Q27
賞与引当金の計上について教えてください

A 賞与引当金とは法人と職員との雇用関係に基づき、毎月の給料のほかに賞与を支給する場合において、翌期に支給する職員の賞与のうち、支給対象期間が当事業年度に帰属する支給見込額について設けられる引当金をいいます。

賞与引当金の考え方

賞与は一般的に給与規定等において、支給時期や支給対象期間が定められている場合が多く、職員の労働提供の対価として、発生する費用と考えられます。

したがって、費用と収益の適切な期間対応を図り、法人運営の効率性の的確な把握を行うためには、賞与は支給時の一時の費用として処理するのではなく、期末時に翌期に支給する職員の賞与のうち、支給対象期間が当期に帰属する支給見込額について、当事業年度の費用として引当計上する必要があります。

|前提条件|

・決算日　　3月31日
・賞与支給対象期間と支給月

賞　　与	支 給 月	支給対象期間
夏　　期	6月	12月1日～5月31日
冬　　期	12月	6月1日～11月30日

・6月の支給見込みは30,600です。実際の支給額は31,000となりました。

2　会　計　編

仕　訳　例
決　算　時

<単位：千円>

（借）賞与引当金繰入額　20,400	（貸）賞 与 引 当 金　20,400
（一　　　般）	

夏期賞与の支給対象期間のうち，3月31日時点では4ヶ月が経過しているので，支給見込額のうち経過した4ヶ月に対応する金額を引当計上します。

$$30,600 \times \frac{4 ヶ月}{6 ヶ月} = 20,400$$

支　給　時

<単位：千円>

（借）賞 与 引 当 金　20,400	（貸）現 金 預 金　31,000
賞　　与（一般）　10,600	

支給額31,000のうち，20,400は既に決算時において引当計上済みのため，差額の10,600を当期の経常費用として計上します。

注　記　例

賞与引当金の計上基準は，重要な会計方針として財務諸表に記載する必要があります。注記例としては以下のようになります。

1　重要な会計方針
　　　：
(x)　引当金の計上基準
　・賞与引当金
　　職員に対する賞与の支給に備えるため，支給見込額のうち当期に帰属する額を計上しています。

<出所：「公益法人会計基準に関する実務指針（その2）　QA12」>

Q28 退職給付会計について教えてください

A 退職給付にかかる見積債務額から年金資産額等を控除したものを退職給付引当金として計上します。

退職給付引当金とは

　平成16年会計基準から導入された退職給付会計は，退職給付にかかる見積債務額から年金資産額等を控除したものを退職給付引当金として計上します。

　ただし，退職給付会計の適用に当たり，退職給付の対象となる職員数が300人未満の法人のほか，職員数が300人以上であっても，年齢や勤務期間に偏りがあることなどにより数理計算結果に一定の高い水準の信頼性が得られない法人や，原則的な方法により算定した場合の額と期末要支給額との差異に重要性が乏しいと考えられる法人においては，退職一時金に係る債務について期末要支給額により算定することができます。

　なお，退職給付会計の導入に伴う会計基準変更時差異については，平成20年会計基準適用の場合には，平成20年12月1日以後開始する最初の事業年度から12年以内の一定の年数にわたり定額法により費用処理するものという経過措置が附則でおかれています。

　また，退職給付の支払いのために設定される退職給付引当資産は退職給付引当金と同額まで設定することは強制されていません。

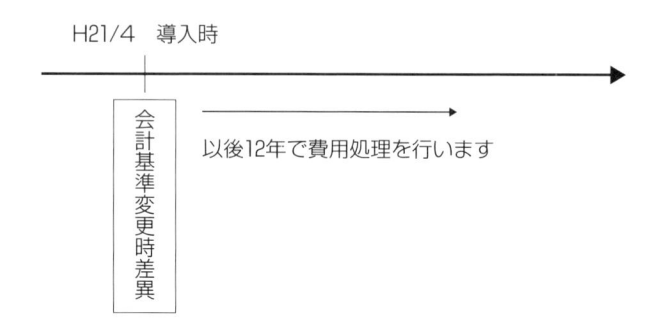

2 会 計 編

H21/4 導入時

会計基準変更時差異

以後12年で費用処理を行います

Q29 退職給付会計にかかる財務諸表の注記の方法について教えてください

退職給付会計基準に準じて記載します。

記 載 例

退職一時金に関して期末要支給額により算定することができる場合

前提条件

① 自己都合期末要支給額　　前期末　200　　　当期末　250
② 期首時点における退職給付引当金残高　130
③ 退職一時金制度における退職金支給額　　15
④ 会計基準変更時差異の処理年数　　10年
⑤ 期首時点での会計基準変更時差異　70（＝200－130）
　　（→会計基準変更時差異の費用処理額は毎年70÷10＝7になります。）
⑥ 退職給付費用　当期　72
　当期末要支給額250－（前期末要支給額200－当期取崩15）＝65
　会計基準変更時差異7＋上記65＝72

仕 訳 例

退職金支給時の仕訳

| （借）退職給付引当金 | 15 | （貸）現　預　金 | 15 |

2 会計編

退職給付費用計上時(期末)の仕訳

| (借)退職給付費用
(一　般) | 72 | (貸)退職給付引当金 | 72 |

注　記

1　重要な会計方針
　　　　…
　(4)　引当金の計上基準
　　・退職給付引当金
　　　　従業員の退職給付に備えるため,当期末における退職給付債務に基づき,当期末において発生していると認められる額を計上しています。
　　　　なお,退職給付債務は期末自己都合要支給額に基づいて計算し,会計基準変更時差異(70)は10年で費用処理しています。
○　退職給付関係
　(1)　採用している退職給付制度の概要
　　確定給付型の制度として退職一時金制度を設けています。
　(2)　退職給付債務及びその内訳

①　退職給付債務	△250
②　会計基準変更時差異の未処理額	63
③　退職給付引当金(①+②)	△187

　(3)　退職給付費用に関する事項

①　勤務費用	65
②　会計基準変更時差異の費用処理額	7
③　退職給付費用(①+②)	72

　(4)　退職給付債務の計算の基礎に関する事項
　　　退職給付債務の計算に当たっては,退職一時金制度に基づく期末自己都合要支給額を基礎として計算しています。
　(5)　会計基準変更時差異の処理年数　　10年

Q30
役員退職慰労引当金は計上する必要がありますか？

A 役員退職金の支給が内規等に基づいて算定され，発生の可能性が高く，金額を合理的に見積もることができる場合には，当該事業年度に属する見積額を当該事業年度の費用として引当計上する必要があります。

役員退職慰労引当金

役員退職慰労引当金は，役員の退任に際し在任期間中の職務執行に対する対価を法人が一時金として支払う慣行があり，その支給額が内規等により適切に見積もることができる場合に，期末時点で役員に対し支給することとなる退職慰労金見積相当額に対応する引当金をいいます。

役員退職慰労引当金は，必ずしもその計上が強制されていませんでしたが，企業会計において，

① 役員退職慰労金の支給に関する内規に基づき（在任期間・担当職務等を勘案して）支給見込額が合理的に算出されること

② 当該内規に基づく支給実績があり，このような状況が将来にわたって存続すること（設立間もない会社等のように支給実績がない場合においては，内規に基づいた支給額を支払うことが合理的に予測される場合を含む。）

のいずれも満たす場合には，各事業年度の負担相当額を役員退職慰労引当金に繰り入れなければならないとされました（日本公認会計士協会　監査・保証実務委員会報告第42号）。

公益法人会計においても，適正な期間損益計算を的確に行うために，支給が内規等に基づいて算定され，発生の可能性が高く，金額を合理的に見積もることができる場合には，当事業年度に属する見積額を当事業年度の費用として引当計上する必要があります。

2 会計編

▼会計処理の例

（当事業年度末時点における役員退職慰労金の繰入見積額　1,000）
（当該役員が実際に退職したときの金額(対応する引当額は12,000)　15,000）
の場合、実際の仕訳は、次のとおりとなります。

引当金計上時

| 役員退職慰労引当金繰入額
（一般正味） | 1,000 | 役員退職慰労引当金
（B／S） | 1,000 |

※　決算時に役員に対する退職慰労金の繰入見積額1,000を引当計上します。

慰労金支給時

| 役員退職慰労引当金（B／S）
役員退職慰労金（一般正味） | 12,000
3,000 | 現　預　金（B／S） | 15,000 |

※　役員の退任に伴い役員退職慰労金15,000を支給。当該役員に対応する役員退職慰労引当金は12,000のため、支給額と引当金との差額3,000（＝15,000－12,000）は当事業年度の役員退職慰労金として計上します。

注記の記載例

注記例

1　重要な会計方針
  (x)　引当金の計上基準
　　・役員退職慰労引当金
　　　役員の退職慰労金の支給に備えるため、内規に基づく期末要支給額を計上しています。

Q31 財務諸表の注記事項にある関連当事者とは何ですか？

A 関連当事者の定義は公益法人会計基準注解の注17にあり,

① 当該公益法人を支配する法人
② 当該公益法人によって支配される法人
③ 当該公益法人と同一の支配法人をもつ法人
④ 当該公益法人の役員及びその近親者

です。

関連当事者

公益法人と関連当事者との関係は，下記の図のとおりです。

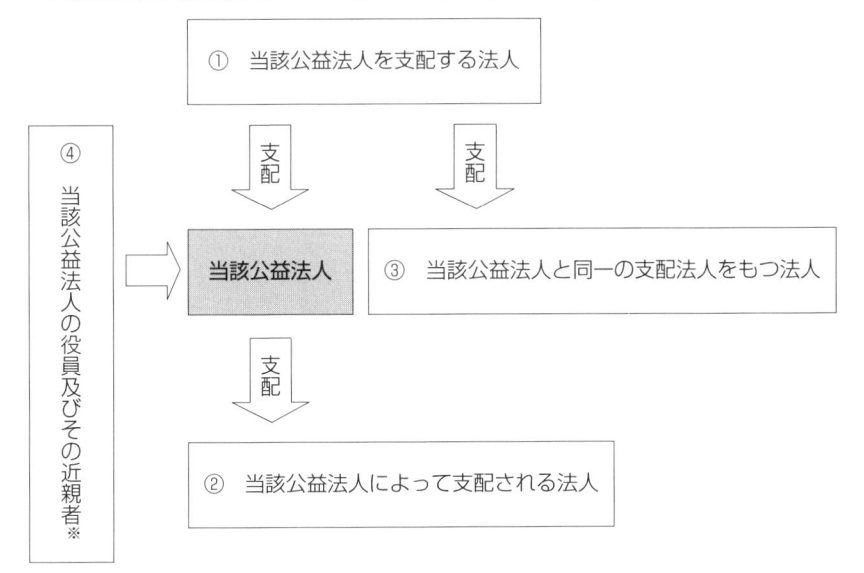

```
                ┌─────────────────────────┐
                │ ① 当該公益法人を支配する法人 │
                └─────────────────────────┘
                      │支配         │支配
                      ▼             ▼
④  ──→  ┌──────────┐   ┌──────────────────────────────┐
当該公益法人   │当該公益法人│   │③ 当該公益法人と同一の支配法人をもつ法人│
の役員及び    └──────────┘   └──────────────────────────────┘
その近親者※        │支配
                   ▼
            ┌──────────────────────────┐
            │② 当該公益法人によって支配される法人│
            └──────────────────────────┘
```

※ 近親者とは，役員の3親等内の親族及びこの者と特別の関係にある者，並びに役員及びその近親者が議決権の過半数を有している法人

Q32
注記の対象となる関連当事者との取引内容はどのようなものですか？

A 関連当事者との取引については，以下に掲げる事項を原則として関連当事者ごとに注記することになっています
① 当該関連当事者が法人の場合には，その名称，所在地，直近の事業年度末における資産総額及び事業の内容。加えて，会社の場合には，当該関連当事者の議決権に対する当該公益法人の所有割合
② 当該関連当事者が個人の場合には，その氏名及び職業
③ 当該公益法人と関連当事者との関係
④ 取引の内容
⑤ 取引の種類別の取引金額
⑥ 取引条件及び取引条件の決定方針
⑦ 取引により発生した債権債務に係る主な科目別の期末残高
⑧ 取引条件の変更があった場合には，その旨，変更の内容及び当該変更が財務諸表に与えている影響の内容

関連当事者との取引の内容

関連当事者の範囲はQA 31で説明したとおりですが，当該関連当事者との取引の内容を事業年度ごとに注記として記載します。ただし，次の2つのいずれかに該当する取引については，注記は不要とされています。
① 一般競争入札による取引並びに預金利息及び配当金の受取りその他取引の性格からみて取引条件が一般の取引と同様であることが明白な取引
② 役員に対する報酬，賞与及び退職慰労金の支払い

重要性の基準

　関連当事者との取引はすべてを注記事項として記載しなければならないわけではなく，一定の金額が重要性の基準として設定されており，この金額基準を超えた取引を記載しなければならないことになっています。

① **支配法人，被支配法人又は同一の支配法人をもつ法人との取引の場合**

　ⅰ）正味財産増減計算書項目に係る取引

　　　経常収益又は経常費用の各項目に係る取引については，各項目に属する科目ごとに，経常収益又は経常費用の合計額の100分の10を超える取引が開示対象。

　　　経常外収益又は経常外費用の各項目に係る取引については，各項目に属する科目ごとに100万円を超える増減額について，その取引の総額を開示し，取引総額と損益が相違する場合には損益を合わせて開示します。

　　　指定正味財産増減の部の各項目に係る取引については，各項目に属する科目ごとに100万円を超える増加額について，その取引総額を開示します。

　　　ただし，経常外収益又は経常外費用の各項目及び指定正味財産の部に係る取引については，上記基準により開示対象となる場合であっても，各項目に属する科目の取引に係る損金の合計額が，当期一般正味財産増減額の100分の10以下となる場合には開示を要しません。

　ⅱ）貸借対照表項目等に係る取引

　　　貸借対照表項目に属する科目の残高及びその注記事項に係る関連当事者との取引，被保証債務並びに関連当事者による当該法人の債務に対する担保提供資産に係る取引については，その金額が試算の合計額の100分の1を超える取引が開示対象。

　　　ただし，資金貸借取引，有形固定資産や有価証券の購入・売却取引等については，それぞれの残高が100分の1以下であっても取引の発生総額が資産の合計額の100分の1を超える場合には開示対象。

② **役員及びその近親者との取引**

　正味財産増減計算書項目及び貸借対照表項目のいずれに係る取引について

2 会計編

も，100万円を超える取引についてはすべて開示対象。

注記の記載例
○関連当事者との取引の内容

関連当事者との取引の内容は，次のとおりである。

属　　性	名　　称	関係内容 (事業上の関係)	取引の内容	取引金額 (単位：円)
理事	▲▲▲▲	設備の賃貸	事務所の賃貸料(注1)	××××

取引条件及び取引条件の決定方針等
　（注1）　事務所の賃貸は近隣の賃貸条件を勘案した上で協議し，賃貸契約を締結している。
　※　上記記載例において，記載を要さない項目については省略しています。

Q33 税効果会計について教えてください

A 税効果会計とは，会計上の収益又は費用と税金計算の基となる課税所得計算上の益金又は損金との認識時点の相違等により，会計上の資産又は負債の額と課税所得計算上の資産又は負債の額に相違が生じる場合，法人税等の額を適切に期間配分することにより，法人税等を控除する前の当期純利益（当期正味財産増減額）と法人税等を合理的に対応させることを目的とする手続きです。したがって，法人税法上の収益事業を行っていない法人には関係ありません。

税効果会計適用の要否

平成20年会計基準の注解（注2）では，重要性の原則の適用例として「(5)法人税法上の収益事業に係る課税所得の額に重要性が乏しい場合，税効果会計を適用しないで，繰延税金資産又は繰延税金負債を計上しないことができる。」としています。つまり，原則としては税効果会計を適用しますが，法人税法上の収益事業に係る課税所得の額に重要性が乏しい場合には，税効果会計を適用しないで，繰延税金資産又は繰延税金負債を計上しないことができます。

以上をまとめると，次の図のとおりとなります。

2 会計編

<税効果会計適用の判定表>

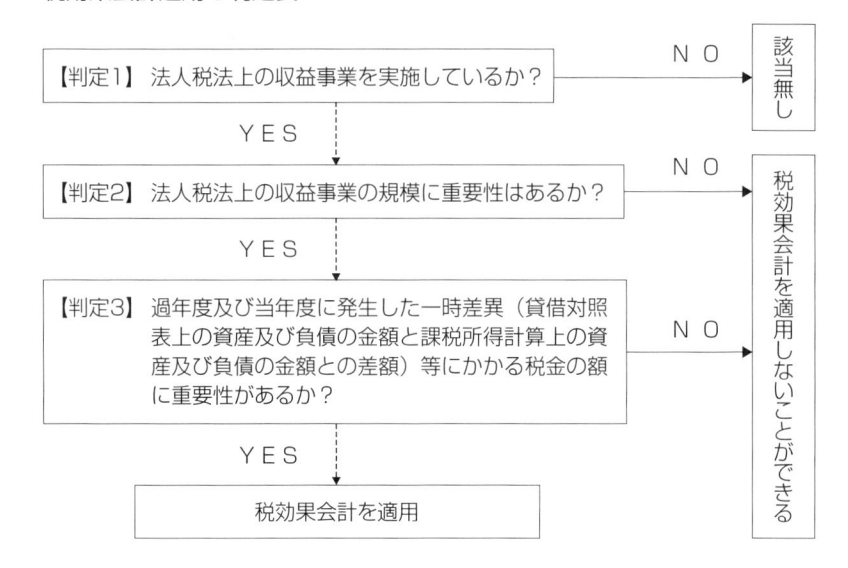

```
【判定1】 法人税法上の収益事業を実施しているか？ ──NO──→ 該当無し
              │
             YES
              ↓
【判定2】 法人税法上の収益事業の規模に重要性はあるか？ ──NO──→ ┐
              │                                                  │
             YES                                                  │
              ↓                                                  │
【判定3】 過年度及び当年度に発生した一時差異（貸借対照          │ 税効果会計を
         表上の資産及び負債の金額と課税所得計算上の資          │ 適用しないことができる
         産及び負債の金額との差額）等にかかる税金の額 ──NO──→ ┘
         に重要性があるか？
              │
             YES
              ↓
         税効果会計を適用
```

税効果会計の計算方法

　税効果会計では，会計上と税務上との差異について，修正計算を実行するものであり，将来の課税所得を減少又は増加させることとなる差異（＝一時差異）に実効税率を乗じて繰延税金資産，繰延税金負債を計算します。

　実効税率とは，課税所得に対する税金の負担割合を意味します。

「将来減算一時差異」の時には，

| 繰延税金資産（B／S） | 法人税等調整額（一般正味） |

の仕訳を計上します。

「将来加算一時差異」の時には，

| 法人税等調整額（一般正味） | 繰延税金負債（B／S） |

の仕訳を計上します。

財務諸表における表示

財務諸表及び注記においては，以下のとおりに表示されます。

【貸借対照表】

```
Ⅰ 資産の部
  1 流動資産
    ‥‥
    繰延税金資産        ×××
  2 固定資産
    ‥‥
    繰延税金資産        ×××
Ⅱ 負債の部
  1 流動負債
    ‥‥
    未払法人税等
  2 固定負債
    ‥‥

    ‥‥
```

【正味財産増減計算書】

```
Ⅰ 一般正味財産増減の部
  1 経常増減の部
    ‥‥
  2 経常外増減の部
    ‥‥
税引前当期一般正味財産増減額    ×××
法人税，住民税及び事業税         ×××
法人税等調整額                  ▲×××
当期一般正味財産増減額           ×××
    ‥‥
Ⅱ 指定正味財産増減の部
```

2 会計編

注記例

1　重要な会計方針
　○　税効果会計の適用について
　　　税引前の当期一般正味財産増減額と法人税等の金額を合理的に期間対応させ，より適正な当期正味財産増減額を計上することを目的として税効果会計を適用しています。
　○　税効果会計関係
　　(1)　繰延税金資産及び繰延税金負債の発生の主な原因別の内訳

未払事業税否認	
賞与引当金否認	
繰延税金資産（流動資産）	
退職給付引当金損金算入限度額超過額	
繰延税金資産（固定資産）	
繰延税金資産合計	

　　(2)　法人税法上の非収益事業と収益事業の区分

項　　目	非収益事業	収益事業	合　計
税引前当期一般正味財産増減額（A）			
寄附金損金算入限度額（B）			
小計（C）＝（A）＋（B）			
法人税，住民税及び事業税（D）			
法人税等調整額（E）			
当期一般正味財産増減額　（A）－（D）－（E）			

　　(3)　法人税法上の収益事業に係る法定実効税率と税効果会計適用後の法人税等の負担率との差異の原因となった主な項目別の内訳

項　　目	率
法定実効税率	％
（調整） 　寄附金等永久に損金に算入されない項目	％
税効果会計適用後の法人税等の負担率	％

　　（注）法定実効税率は，みなし寄附金を考慮しています。

Q34 固定資産の減損について教えてください

A 公益法人等における固定資産の減損会計の考え方は企業会計と同一ではありません。

減損とは

　平成16年及び平成20年会計基準ともに,「資産の時価が著しく下落したときは,回復の見込みがあると認められる場合を除き,時価をもって貸借対照表価額としなければならない。」としており,原則として,強制評価減を行う必要があります。

　ただし,「有形固定資産及び無形固定資産について使用価値が時価を超える場合,取得価額から減価償却累計額を控除した価額を超えない限りにおいて使用価値をもって貸借対照表価額とすることができる。」とされており,例外として,帳簿価額を超えない限り,使用価値で評価することもできます。

　なお,法人において固定資産を使用価値により評価するか否かは任意ですが,使用価値により評価できるのは,対価を伴う事業に供している固定資産に限られます。

　以上をフローチャートにまとめると,次のようになります。

2 会計編

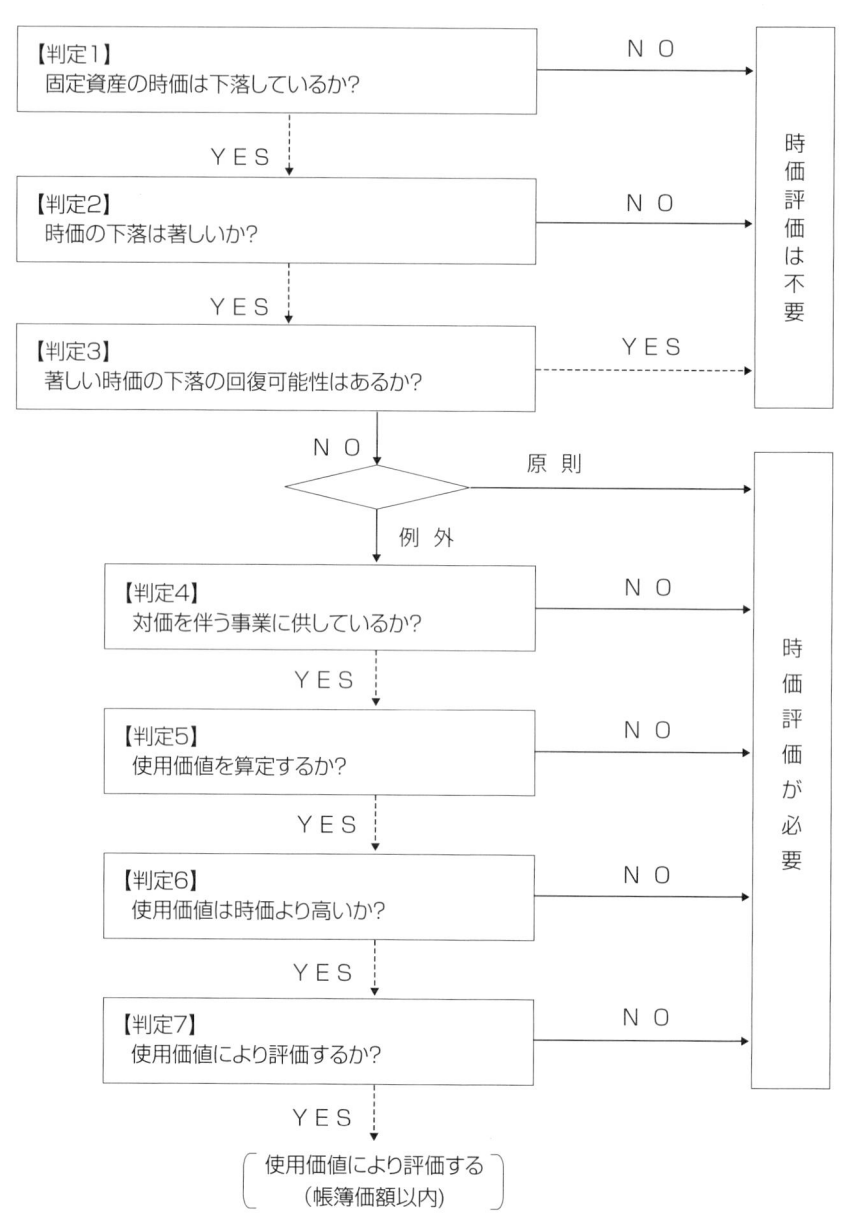

```
【判定1】
固定資産の時価は下落しているか？ ──NO──→ 時価評価は不要
         │YES
         ▼
【判定2】
時価の下落は著しいか？ ──NO──→ 時価評価は不要
         │YES
         ▼
【判定3】
著しい時価の下落の回復可能性はあるか？ ──YES──→ 時価評価は不要
         │NO
         ▼
       ◇──原則──→ 時価評価が必要
         │例外
         ▼
【判定4】
対価を伴う事業に供しているか？ ──NO──→ 時価評価が必要
         │YES
         ▼
【判定5】
使用価値を算定するか？ ──NO──→ 時価評価が必要
         │YES
         ▼
【判定6】
使用価値は時価より高いか？ ──NO──→ 時価評価が必要
         │YES
         ▼
【判定7】
使用価値により評価するか？ ──NO──→ 時価評価が必要
         │YES
         ▼
 ( 使用価値により評価する )
 (   (帳簿価額以内)      )
```

＜出所：「公益法人会計基準に関する実務指針（その3） QA1」＞

Q35
減損処理後の会計処理及び財務諸表における開示方法を教えてください

A 企業会計に準じて、以下の取扱いとします。

会計処理

① **減価償却**

減損処理を行った固定資産については、減損損失を控除した帳簿価額に基づき減価償却を行います。

② **減損損失の戻り入れ**

減損損失の戻り入れは行いません。

財務諸表における開示方法

① **貸借対照表における表示**

減損処理を行った固定資産の貸借対照表における表示は、原則として減損処理前の取得価額から減損損失を直接控除し、控除後の金額をその後の取得価額とする形式で行います。ただし、当該資産に対する減損損失累計額を、取得価額から間接控除する形式で表示することもできます。この場合、減損損失累計額を減価償却累計額に合算して表示することができます。

② **正味財産増減計算書における表示**

減損損失は、原則として、一般正味財産増減の部の経常外費用に計上します。なお、指定正味財産に対応する固定資産の場合には、減損損失に対応する金額を指定正味財産から一般正味財産へ振り替えることになります。

③ **注記事項**

重要な減損損失を認識した場合には、減損損失を認識した固定資産、減損

損失の金額,評価金額の算定方法等について注記することが望まれます。この場合の注記例は,以下のとおりとなります。

注 記 例

○指定正味財産から一般正味財産への振替額の内訳

指定正味財産から一般正味財産への振替額の内訳は,次のとおりである。

内　　　　容	金　　額
経常外収益への振替額 　　土地減損損失計上による振替額	××××

○減損損失関係

以下の固定資産について減損損失を計上しています。

種　　　類	土地
場　　　所	○○県○○市
減損損失の金額	○○○円

(評価金額の算定方法)

　不動産鑑定評価額によっています。

＜出所:「公益法人会計基準に関する実務指針(その3)　QA7」＞

Q36 リース取引について教えてください

A リース取引とは、特定の物件の所有者たる貸手が、当該物件の借手に対し、合意した期間（以下「リース期間」という）にわたり、これを使用収益する権利を与え、借手は合意した使用料（以下「リース料」という）を貸手に支払う取引をいいます。

リース取引は、ファイナンス・リース取引とオペレーティング・リース取引の2種類に分けられます。

ファイナンス・リース取引

ファイナンス・リース取引とは、リース契約に基づくリース期間の中途において当該契約を解除することができないリース取引又はこれに準ずるリース取引で、借手が当該契約に基づき使用する物件（以下「リース物件」という）からもたらされる経済的利益を実質的に享受することができ、かつ当該リース物件の使用に伴って生じるコストを実質的に負担することとなるリース取引をいいます。なお、ファイナンス・リース取引については、リース契約上の諸条件に照らしてリース物件の所有権が借手に移転すると認められる取引（所有権移転ファイナンス・リース取引）及びリース物件の所有権が借手に移転すると認められるもの以外の取引（所有権移転外ファイナンス・リース取引）の2つに分類されます。

オペレーティング・リース取引

オペレーティング・リース取引とは、ファイナンス・リース取引以外のリース取引をいいます。

2 会計編

```
           リース取引
          /        \
ファイナンス・リース取引    オペレーティング・リース取引
    /        \
所有権移転ファイナンス・リース取引   所有権移転外ファイナンス・リース取引
```

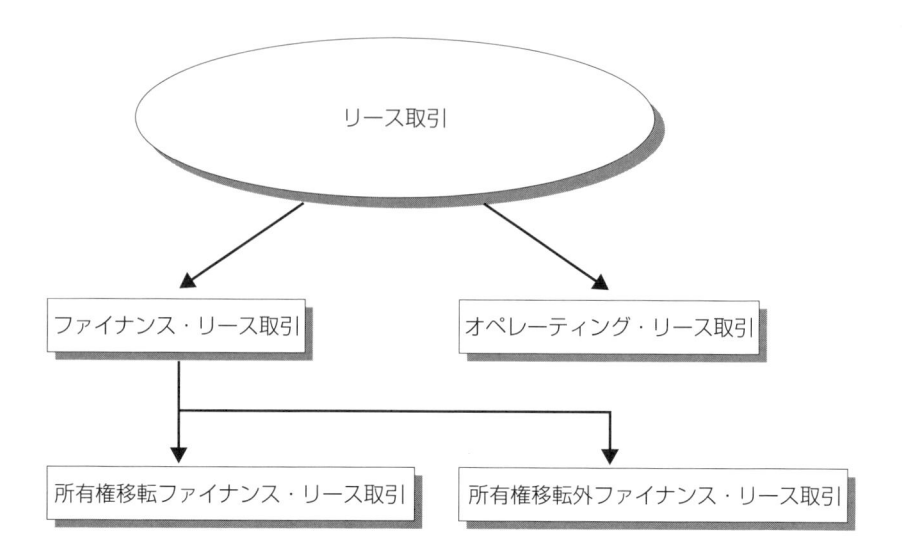

Q37 リース取引の会計処理について教えてください

A ファイナンス・リース取引は通常の売買取引に係る方法に準じて資産計上処理をします。オペレーティング・リース取引については，通常の賃貸借取引に係る方法に準じて会計処理を行うとともに一定の事項の注記を行うことになります。

リース取引の会計処理

　企業会計においてリース取引の会計処理は「リース取引に関する会計基準」（企業会計審議会平成19年3月30日改正。以下「リース会計基準」という）に従って行われます。公益法人においてもリース取引の会計処理はこれに準じて行うこととなります。

　したがって，ファイナンス・リース取引については，原則として通常の売買取引に係る方法に準じた会計処理を行い，オペレーティング・リース取引については通常の賃貸借取引に係る方法に準じた会計処理を行うとともに一定の事項の注記を行うことになります。

　なお，リース契約1件当たりのリース料総額が300万円以下の取引など少額のリース資産や，リース期間が1年以内のリース取引については，オペレーティング・リース取引の会計処理に準じて資産計上又は注記を省略することができる等の簡便的な取扱いが認められています。

仕訳例:所有権移転外ファイナンス・リース取引

リース取引開始日

| (借)リース資産 | ＊＊ | (貸)リース債務 | ＊＊ |

リース料支払い時

| (借)リース債務 | ＊＊ | (貸)現金預金 | ＊＊ |
| 　　支払利息(一般正味) | ＊＊ | | |

期末処理時

(借)リース債務	＊＊	(貸)現金預金	＊＊
支払利息(一般正味)	＊＊		
減価償却費(一般正味)	＊＊	減価償却累計額	＊＊

注記例:オペレーティング・リース取引

○オペレーティング・リース取引関係

未経過リース料

種　類	1年以内	1年超	合　計
未経過リース料			

2 会計編

Q38
公益認定の申請書の添付資料として収支予算書とありますが、これは資金収支予算書のことですか？

A 収支予算書は会計基準において定められている書類ではありませんが、損益計算ベースで作成されたものが要請されており、その様式は平成20年会計基準の運用指針に定めのある正味財産増減計算書と同じものとされています。

また、損益計算ベースでの作成が要請されているため、「公益法人会計における内部管理事項について（平成17年３月23日公益法人等の指導監督等に関する関係省庁連絡会議幹事会申合せ）における収支予算書（収支ベースで作成されたもの）とは異なるものです。

収支予算書とは

公益認定申請書に添付する収支予算書は、正味財産増減計算書と同じく損益計算ベースで作成する必要があり、この収支予算書に基づいて公益認定基準を満たしているかを書面において判断されることとなります。

また、公益社団、財団法人は毎事業年度開始の日の前日までに当該事業年度の事業計画書、収支計算書等を作成し、備え置くとともに、行政庁へ提出しなければなりません。

2 会計編

収支予算書内訳表

平成　年　月　日から　平成　年　月　日まで　　　　（単位：円）

科　　目	公益目的事業会計				収益事業等会計				法人会計	内部取引消去	合計
	A事業	B事業	共通	小計	a事業	b事業	共通	小計			
Ⅰ　一般正味財産増減の部											
1　経常増減の部											
(1)　経常収益											
基本財産運用益											
…………											
(2)　経常費用											
事　業　費											
給料手当											
…………											
管　理　費											
役員報酬											
…………											
当期経常増減額											
2　経常外増減の部											
(1)　経常外収益											
…………											
(2)　経常外費用											
…………											
当期経常外増減額											
…………											
一般正味財産期末残高											
Ⅱ　指定正味財産増減の部											
受取補助金等											
…………											
指定正味財産期末残高											
Ⅲ　正味財産期末残高											

2 会計編

Q39 資金収支計算書の位置付けについて教えてください

A 平成16年会計基準により、資金収支計算書は財務諸表から外れ、内部管理資料という位置付けになりました。

資金収支計算書は内部管理資料

平成16年会計基準により、財務諸表の範囲は、貸借対照表、正味財産増減計算書及び財産目録、さらに大規模公益法人ではキャッシュ・フロー計算書となりました。さらに平成20年会計基準では、財務諸表は貸借対照表、正味財産増減計算書及びキャッシュ・フロー計算書となり、財産目録が財務諸表の範囲から外れました。

資金収支計算書の作成及び保存は、法人の内部管理事項として位置付けられ、財務諸表から除かれています。

ただし、予算枠内での業務の執行という観点から、法人の管理運営上必要な書類として、従前通り収支計算書を作成し、保管することにも意義があると思われます。

資金収支計算書は財務諸表の範囲から外れました。

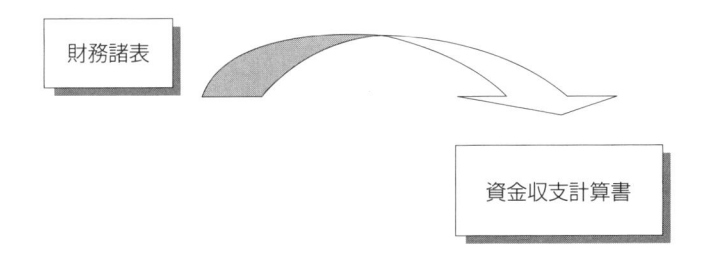

財務諸表 → 資金収支計算書

3

税　務　編

本書の記述は平成27年3月1日現在の法律に基づいております。

〔省略用語例〕

本編において使用した省略用語は、おおむね次の法令等を示します。

　　法法………法人税法

　　法令………法人税法施行令

　　法規………法人税法施行規則

　　法基通……法人税基本通達

　　措法………租税特別措置法

　　措令………租税特別措置法施行令

　　措規………租税特別措置法施行規則

　　消法………消費税法

　　消令………消費税法施行令

　　消規………消費税法施行規則

　　消基通……消費税法基本通達

Q1 公益法人と法人税との関係はどのようになっていますか？

A 公益社団法人及び公益財団法人，一般社団法人及び一般財団法人の区分に応じて，それぞれ法人税の取扱いが異なります。

また，一般社団法人及び一般財団法人については，非営利性が徹底された法人及び共益的活動を目的とする法人とそれ以外の法人の2つの区分に応じて，それぞれ法人税の取扱いが異なります。

公益認定を受けた公益社団法人及び公益財団法人

公益認定等委員会・都道府県の合議制の機関において公益目的事業と判断された事業については，法人税法で収益事業として限定列挙された34の事業であっても非課税として取扱い，法人税の課税が行われません。

公益目的事業以外の事業については，法人税で限定列挙された34の事業から生じた所得についてのみ法人税が課税されます。

法人税の税率は，普通法人と同じですが，中小法人と同様に軽減税率が適用されます。

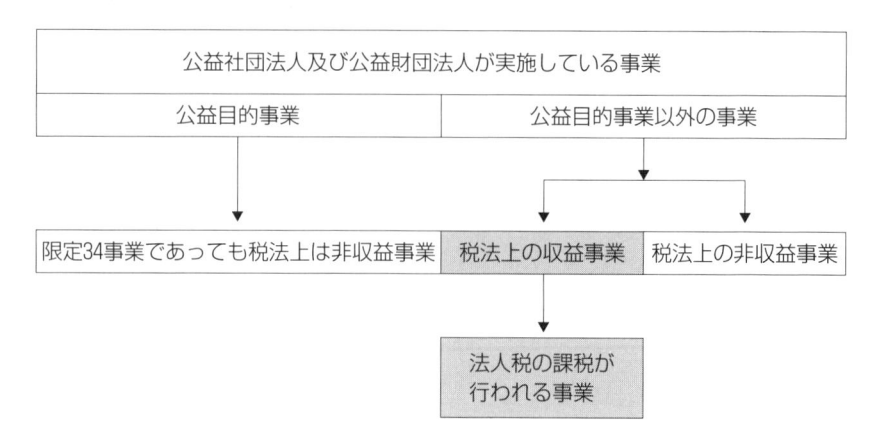

3 税務編

```
公益社団法人及び公益財団法人が実施している事業
├─ 公益目的事業 → 限定34事業であっても税法上は非収益事業
└─ 公益目的事業以外の事業
    ├─ 税法上の収益事業 → 法人税の課税が行われる事業
    └─ 税法上の非収益事業
```

一般社団法人及び一般財団法人

一般社団法人及び一般財団法人については，以下の2パターンに法人を区分して，その区分に応じて異なる法人税法上の取扱いが適用されます。

(1) 非営利性が徹底された法人及び共益的活動を目的とする法人
(2) (1)以外の法人

(1)の非営利性が徹底された法人及び共益的活動を目的とする法人については，限定列挙された34の事業から生じる所得について法人税が課税される収益事業課税となります。

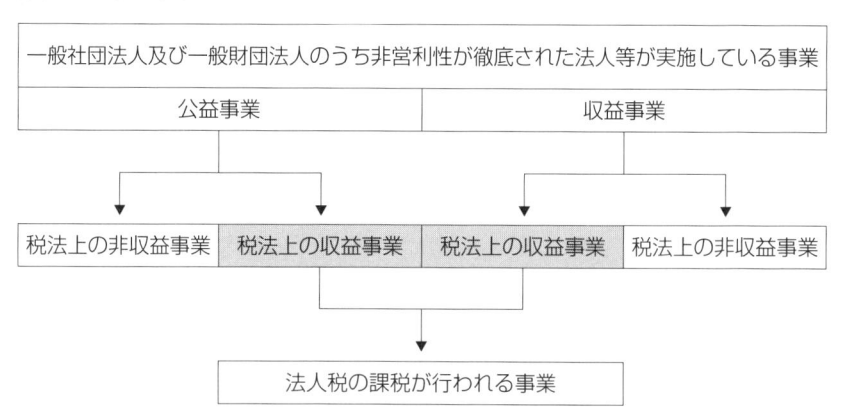

```
一般社団法人及び一般財団法人のうち非営利性が徹底された法人等が実施している事業
├─ 公益事業
│   ├─ 税法上の非収益事業
│   └─ 税法上の収益事業
└─ 収益事業
    ├─ 税法上の収益事業 → 法人税の課税が行われる事業
    └─ 税法上の非収益事業
```

(2)の(1)以外の法人については，一般営利企業と同じく，税制上は普通法人として全所得課税になります。

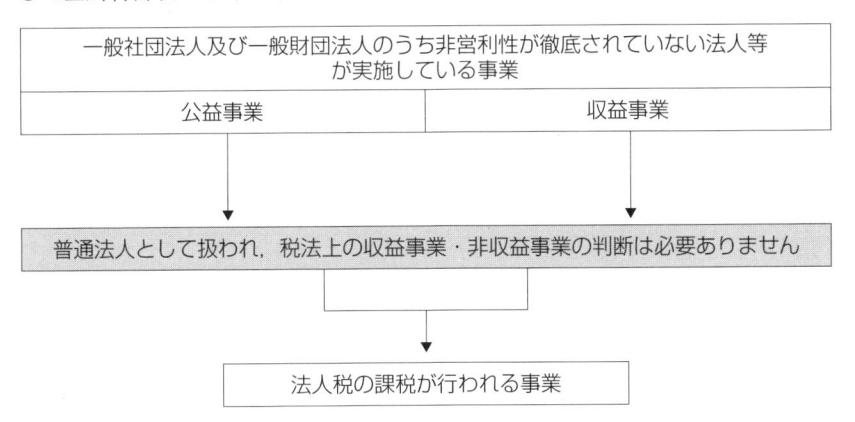

```
┌─────────────────────────────────────────────────────┐
│  一般社団法人及び一般財団法人のうち非営利性が徹底されていない法人等  │
│                 が実施している事業                      │
├───────────────────────┬─────────────────────────────┤
│       公益事業         │         収益事業              │
└───────────┬───────────┴─────────────┬───────────────┘
            ↓                         ↓
┌─────────────────────────────────────────────────────┐
│ 普通法人として扱われ，税法上の収益事業・非収益事業の判断は必要ありません │
└─────────────────────┬───────────────────────────────┘
                      ↓
            ┌───────────────────────┐
            │  法人税の課税が行われる事業  │
            └───────────────────────┘
```

(1)及び(2)のいずれのケースにおいても法人税の税率は中小法人と同様に軽減税率が適用されます。

比　較　表

	公益社団法人 公益財団法人	非営利型一般社団法人 非営利型一般財団法人	一般社団法人 一般財団法人	株式会社	NPO法人
法人税の課税	認定法上の公益目的事業については非課税 公益目的事業以外の事業は特掲34事業の収益事業課税を維持	特掲34事業の収益事業課税	全所得課税	全所得課税	特掲34事業の収益事業課税
みなし寄附金制度	所得の50％と公益目的事業のために収益事業から支出した金額とのいずれか大きい金額	なし	なし	なし	なし
利子等に係る源泉徴収	非課税	課税	課税	課税	課税

3 税務編

Q2
非営利型一般法人となるための要件はどのようなものですか？

A 非営利型一般法人には，非営利性が徹底された法人と共益的活動を目的とする法人の2パターンがあり，それぞれ要件が定められています。

非営利性が徹底された法人

非営利性が徹底された法人とは，以下のすべての要件を満たす法人をいいます。

① 剰余金の無分配の定め
　剰余金の分配を行わない旨が定款で定められていること
② 残余財産の帰属先の指定
　解散時の残余財産を国若しくは地方公共団体又は次に掲げる法人に帰属させる旨が定款において定められていること
　(a) 公益社団法人又は公益財団法人
　(b) 公益社団法人及び公益財団法人の認定等に関する法律第5条第17号イからトまでに掲げる法人
③ 理事による同族支配の禁止
　理事及びその親族等である理事の合計数が理事の総数の3分の1以下であること
④ ①又は②で掲げた要件に違反した行為を行ったことがないこと

共益的活動を目的とする法人

共益的活動を目的とする法人とは，以下のすべての要件を満たす法人をいいます。

① 会員の相互の共益を主たる目的とする事業
　会員の共通する利益を図る活動をその法人の主たる目的として行うこと
② 会費の定めがあること
　会員が負担すべき会費の金額が定款等に定められていること
③ 剰余金の分配と残余財産の帰属先
　特定の個人や団体に対して剰余金の分配を行うことや残余財産を帰属させる旨が定款に定められていないこと
④ 理事による同族支配の禁止
　理事及びその親族等である理事の合計数が理事の総数の3分の1以下であること
⑤ 主たる事業として収益事業を行っていないこと
⑥ 特定の個人又は団体に特別の利益を与えないこと

ポイント

① 非営利型法人の要件のすべてに該当する法人は，特段の手続を踏むことなく非営利型法人となります。
② 非営利型法人が，その要件のうち，一つでも該当しなくなったときは，特段の手続を踏むことなく税法上は普通法人となります。
③ 非営利型法人に該当したとき又は該当しなくなったときは，速やかに「異動届出書」の提出を行う必要があります。

3 税務編

Q3 法人区分の異動があった場合の注意点は何ですか？

A みなし事業年度を設けて法人税の申告を行うことになります。

みなし事業年度

通常の会計期間とは別に，法人税の申告納付を行うために便宜的に区切ったみなし事業年度を設けて税額計算を行うことになります。

法人区分の異動により，収益事業課税から全所得課税に移行した場合等，法人の課税所得の範囲に変更等があった場合には，事業年度の開始の日からその変更の前日までの期間及び該当することとなった日から定款で定めた事業年度終了の日までの期間をそれぞれ1事業年度とみなして申告納付を行います。

【事業年度の区分（みなし事業年度)】

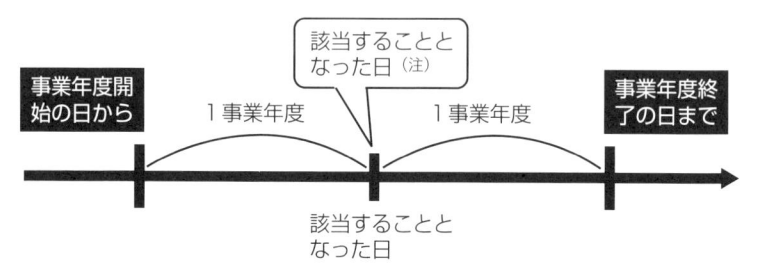

事業年度開始の日から ― 1事業年度 ― 該当することとなった日（注）― 1事業年度 ― 事業年度終了の日まで

該当することとなった日

(注)「該当することとなった日」については，次頁をご覧ください。
＜出所：国税庁「新たな公益法人関係税制の手引」＞

3 税務編

【法人区分の異動とその該当することとなった日】

> 次表に掲げる法人区分の異動があった場合には，それぞれ①の期間と②の期間で事業年度を区分することとなります。
> ① 定款で定めた事業年度開始の日からその該当することとなった日の前日まで
> ② その該当することとなった日から定款で定めた事業年度終了の日まで

法人区分の異動		該当することとなった日
公益社団法人 公益財団法人【公益法人等】	→ 非営利型法人【公益法人等】	公益認定の取消しの日（同時に非営利型法人の要件のすべてに該当することとなった場合）
	→ 非営利型法人以外の法人【普通法人】	公益認定の取消しの日
一般社団法人・一般財団法人 / 非営利型法人【公益法人等】	→ 公益社団法人 公益財団法人【公益法人等】	公益認定を受けた日
	→ 非営利型法人以外の法人【普通法人】	非営利型法人の要件に該当しなくなった日
一般社団法人・一般財団法人 / 非営利型法人以外の法人【普通法人】	→ 公益社団法人 公益財団法人【公益法人等】	該当することとなった日
	→ 非営利型法人【公益法人等】	非営利型法人の要件のすべてに該当することとなった日

＜出所：国税庁「新たな公益法人関係税制の手引」＞

公益法人等が普通法人に移行する場合の所要の調整

　公益社団法人・公益財団法人又は非営利型法人が非営利型法人以外の法人に該当することとなった場合には，過去の収益事業以外の事業から生じた所得の累積額（以下「累積所得金額」という）を益金の額に算入することになります。

3 税務編

> 【算式】
> 益金に算入すべき額(累積所得金額)=資産の帳簿価額-負債帳簿価額等
>
> (注) 1 上記算式により計算した金額がマイナス(累積欠損金額)となる場合には,損金の額に算入します。
>   2 負債帳簿価額等とは,負債の帳簿価額及び利益積立金額の合計額をいいます。

(注) 1 公益社団法人・公益財団法人又は非営利型法人が非営利型法人以外の法人に合併(適格合併)される場合には,被合併法人である公益社団法人・公益財団法人又は非営利型法人について上記の算式により計算した金額を,合併法人の所得の金額の計算上,益金の額又は損金の額に算入することとなります。
  2 公益社団法人・公益財団法人が行政庁から認定の取消しを受けたことにより非営利型法人以外の法人に該当することとなった場合など一定の場合には,当該取消しの日以降に公益目的のために支出されることが義務付けられている金額等を累積所得金額から控除するなど,一定の調整を行うこととなります。

Q4 法人税法における収益事業とは何のことでしょうか？

A 法人税法における収益事業とは，法人税法施行令で限定列挙された34種類の事業です。この34種類の事業から生じた所得については，法人税が課税されることになっています。

収益事業課税の考え方

公益法人等は本来，その法人における個別の利益を追求するものではなく，社会全般の利益を追求する性格を持っているため，原則として通常の営利法人と同様の課税をされることはありませんが，一般の営利法人や個人事業者と競業的関係にある34の限定列挙された事業の所得については，課税の公平性の観点から法人税が課税されることになっています。

収益事業の定義

収益事業についての法人税法の定義は，「販売業，製造業その他の政令で定める事業で，継続して事業場を設けて営まれるものをいう」と定義されています。

したがって，以下の要件のすべてを満たすものが該当することになります。

① 政令で定める34種類の事業であること
② 事業場を設けて営まれるものであること
③ 継続して営まれるものであること

収益事業であるか否かの判定に当たっては，公益法人等が行っている各事業が，政令で定める事業に該当するか否かを事業ごとに検討していく必要があります。

3 税務編

1	物品販売業	13	写真業	25	美容業
2	不動産販売業	14	席貸業	26	興行業
3	金銭貸付業	15	旅館業	27	遊技所業
4	物品貸付業	16	料理店業その他の飲食店業	28	遊覧所業
5	不動産貸付業	17	周旋業	29	医療保健業
6	製造業	18	代理業	30	技芸教授業
7	通信業	19	仲立業	31	駐車場業
8	運送業	20	問屋業	32	信用保証業
9	倉庫業	21	鉱業	33	無体財産提供業
10	請負業	22	土石採取業	34	労働者派遣業
11	印刷業	23	浴場業		
12	出版業	24	理容業		

注 意 点

公益社団・財団法人及び一般社団・財団法人が行う収益事業＝法人税法上の収益事業ではありません。

① 法人としては公益事業として運営しているけれども，法人税法上は収益事業として課税される範囲

② 法人としては収益事業として運営しているけれども，法人税法上は収益事業として課税されない範囲がありますので注意が必要です。

上記の例外が，公益認定を受けた公益社団法人・公益財団法人です。

認定法上の公益目的事業については，無条件に，法人税法上も非収益事業（非課税）となります。

Q5 収益事業と区分経理とは何のことでしょうか？

A 公益法人等が法人税法上の収益事業を行う場合にあっては、収益事業から生じる所得に関する経理と収益事業以外の事業から生ずる所得に関する経理とを区分して行う必要があります。

区分経理の必要性

　収益事業を営む公益法人等の場合、法人税を課税される対象範囲は、収益事業から生じる所得のみに限定されるため、課税対象となる収益事業から生じる所得を正確に把握する必要があります。

　法人税法施行令第6条においても「収益事業から生ずる所得に関する経理と収益事業以外の事業から生ずる所得に関する経理とを区分して行わなければならない」としています。

　なお、この場合、単に収益及び費用に関する経理だけでなく、資産及び負債に関する経理も区分しなければなりません。ただし、一つの資産が収益事業の用と収益事業以外の事業の用とに共用されている場合（それぞれの事業ごとに専用されている部分が明らかな場合を除きます）には、その資産については、収益事業に属する資産としての区分経理はしないで、その償却費、その他その資産について生ずる費用の額のうち収益事業に係る部分の金額をその収益事業に係る費用として経理することになります。

3 税務編

Q6
実費弁償方式とは何のことでしょうか？

A 実費弁償の場合は，所轄税務署長の承認を受けることにより，収益事業課税は行われません。

実費弁償方式による確認

公益法人等が，事務処理の性質を有する業務を行う場合（請負業）において，当該業務が法令の規定，行政官庁の指導又は当該業務に関する規則，規約もしくは契約に基づき，実費弁償（その委託により委託者から受ける金額が当該業務のために必要な費用の額を超えないことをいいます）により行われるものであり，そのことにつきあらかじめ一定の期間（おおむね5年以内の期間）を限って所轄税務署長（国税局の調査課所管法人にあっては，所轄国税局長）の確認を受けたときには，その確認を受けた期間については，当該業務はその委託者の計算に係るものとして当該公益法人等の収益事業としないものとされています（法基通15－1－28）。

なお，確認を受ける場合には，所轄税務署長宛に確認書を提出するとともに当該公益法人等の事業内容がわかる資料等を添付する必要があります。

実費弁償方式における退職給付債務の取扱い

定年退職者の退職一時金の支払原資を退職年度以前の5年間で積み立てるために，経理上，退職給与積立預金支出を計上している場合には，実費弁償方式の判定上，当該退職給与積立預金支出を「業務のために必要な費用」とみることができます（国税庁HP質疑応答事例（法人税））。

したがって，事実上，退職給与引当金である退職給付債務の損金算入が認められていることになります。

Q7 みなし寄附金とは何ですか？

A 法人税法上の収益事業に属する資産を非収益事業へ法人内部で付替支出した場合には，収益事業に係る所得金額の計算上，この付替支出した金額を寄附金とみなして一定限度額の損金算入を認める制度です。

なぜこの制度が存在するのか

法人が収益事業を行うのは，本来の公益事業を実施するために必要な資金を獲得するためと考えられます。

したがって，収益事業から生じた所得で構成された資産のなかから，非収益事業に支出した資産については，収益事業会計における法人税計算の際には，一定限度額の損金算入が認められています。

法人ごとに損金算入限度額が異なる

法人形態	公益社団法人 公益財団法人	非営利一般社団法人 非営利一般財団法人	一般社団法人 一般財団法人
みなし寄附金の損金算入限度額	次のうちいずれか大きい金額 ① 所得の金額の50％ ② 収益事業に属する資産のうちから公益目的事業のために支出した金額のうち，公益目的事業の実施のために必要な金額（その金額がみなし寄附金額を超える場合には，そのみなし寄附金額に相当する金額）	制度なし	制度なし

3 税務編

公益目的事業の実施のために必要な計算（規則22の6）

<算　式>

| 公益目的事業
実施必要額 | ＝ | 当期の公益目的事業
に係る費用の金額
①～⑤ | － | 当期の公益目的事業
に係る収入の金額
⑥～⑪ |

※　①～⑪は下のイメージ「公益目的事業の実施のために必要な金額」内の各項目番号を指します。

<イメージ>

<公益目的事業の実施のために必要な金額>

費　用	収　入
①　公益目的事業に係る経常費用の額（公益目的保有財産の償却費の額を除きます） （規則22の5①一イ） ②　公益目的事業に係る特定費用準備資金増加額（当期積立基準額を超えない部分の金額に限ります） （規則22の5①一ロ） ③　公益資産取得資金増加額（当期積立基準額を超えない部分の金額に限ります） （規則22の5①一ハ） ④　公益目的保有財産取得支出額 （規則22の5①一ニ） ⑤　公益目的保有財産とした公益目的保有財産以外の財産の額 （規則22の5①一ニ）	公益目的事業実施要領 ⑥　公益目的事業に係る経常収益の額 （規則22の5①二イ） ⑦　公益目的事業に係る特定費用準備資金減少額 （規則22の5①二ロ） ⑧　公益資産取得資金減少額 （規則22の5①二ハ） ⑨　公益目的保有財産処分収入額 （規則22の5①二ニ） ⑩　公益目的保有財産以外の財産とした公益目的保有財産の額 （規則22の5①二ニ） ⑪　公益目的事業以外の事業（収益事業を除く）から公益目的事業へ繰り入れた金額 （規則22の5①二柱書）

③ 寄附金の損金算入に関する明細書

事業年度	・ ・	法人名	

別表十四(二) 平二十六・四・一以後終了事業年度分

公益法人等以外の法人の場合

一般寄附金の損金算入額	支出した寄附金の額	指定寄附金等の金額 (41の計)	1 円
		特定公益増進法人等に対する寄附金額(42の計)	2
		その他の寄附金額	3
		計 (1)+(2)+(3)	4
		完全支配関係がある法人に対する寄附金額	5
		(4)+(5)	6
損金算入限度額の計算	所 得 金 額 仮 計 (別表四「25の①」)		7
	寄附金支出前所得金額 (6)+(7) (マイナスの場合は0)		8
	同上の 2.5又は1.25/100 相当額		9
	期末の資本金等の額 (別表五(一)「36の④」) (マイナスの場合は0)		10
	同上の月数換算額 (10)×12/12		11
	同上の 2.5/1,000 相当額		12
	一般寄附金の損金算入限度額 ((9)+(12))×1/4		13
特定公益増進法人等に対する寄附金の特別損金算入限度額の計算	寄附金支出前所得金額の 6.25/100 相当額 (8)×6.25/100		14
	期末の資本金等の額の月数換算額の 3.75/1,000 相当額 (11)×3.75/1,000		15
	特定公益増進法人等に対する寄附金の特別損金算入限度額 ((14)+(15))×1/2		16
特定公益増進法人等に対する寄附金の損金算入額 ((2)と((14)又は(16))のうち少ない金額)			17
指定寄附金等の金額 (1)			18
国外関連者に対する寄附金額			19
(4)の寄附金額のうち同上の寄附金以外の寄附金額 (4)-(19)			20
損金不算入額	同上のうち損金の額に算入されない金額 (20)-((9)又は(13))-(17)-(18)		21
	国外関連者に対する寄附金額 (19)		22
	完全支配関係がある法人に対する寄附金額 (5)		23
	計 (21)+(22)+(23)		24

公益法人等の場合

支出した寄附金の額	長期給付事業への繰入利子額		25 円
	同上以外のみなし寄附金額		26
	その他の寄附金額		27
	計 (25)+(26)+(27)		28
損金算入限度額の計算	所 得 金 額 仮 計 (別表四「25の①」)		29
	寄附金支出前所得金額 (28)+(29) (マイナスの場合は0)		30
	同上の 50又は50/100 相当額 (同相当額が年200万円に満たない場合(当該法人が公益社団法人又は公益財団法人である場合を除く。)は、年200万円)		31
	公益社団法人又は公益財団法人の公益法人税額限度額 (別表十四(二)付表「3」)		32
	長期給付事業を行う共済組合等の損金算入限度額 ((25)と錬費額の年5.5%相当額のうち少ない金額)		33
	損金算入限度額		34
指定寄附金等の金額 (41の計)			35
国外関連者に対する寄附金額及び完全支配関係がある法人に対する寄附金額			36
(28)の寄附金額のうち同上の寄附金以外の寄附金額 (28)-(36)			37
損金不算入額	同上のうち損金の額に算入されない金額 (37)-(34)-(35)		38
	国外関連者に対する寄附金額及び完全支配関係がある法人に対する寄附金額 (36)		39
	計 (38)+(39)		40

指定寄附金等に関する明細

寄附した日	寄 附 先	告 示 番 号	寄附金の使途	寄 附 金 額 41
				円
	計			

特定公益増進法人若しくは認定特定非営利活動法人等に対する寄附金又は認定特定公益信託に対する支出金の明細

寄附した日又は支出した日	寄附先又は受託者	所 在 地	寄附金の使途又は認定特定公益信託の名称	寄附金額又は支出金額 42
				円
	計			

その他の寄附金のうち特定公益信託(認定特定公益信託を除く。)に対する支出金の明細

支 出 し た 日	受 託 者	所 在 地	特定公益信託の名称	支 出 金 額
				円

法 0301-1402

3 税務編

公益社団法人又は公益財団法人の寄附金の公益法人特別限度額の計算に関する明細書

別表十四(二)付表 平二十六・四・一以後終了事業年度分

みなし寄附金額	1	円	公益法人特別限度額 ((1)と(2)のうち少ない金額)	3	円
公益目的事業実施必要額 (10)-(17)	2				

公益目的事業実施必要額の計算

当期の公益目的事業に係る費用の額	公益目的事業に係る経常費用の額	4	円	当期の公益目的事業に係る収入の額	公益目的事業に係る経常収益の額	11	円
	同上のうち公益目的保有財産の償却費の額	5			公益目的事業に係る特定費用準備資金減少額 (22の計)	12	
	公益目的事業に係る特定費用準備資金増加額のうち当期積立基準額を超えない部分の金額 (30の計)	6			公益資産取得資金減少額 (35の計)	13	
	公益資産取得資金増加額のうち当期積立基準額を超えない部分の金額 (42の計)	7			公益目的保有財産処分収入額	14	
	公益目的保有財産取得支出額	8			公益目的保有財産以外の財産とした公益目的保有財産の額	15	
	公益目的保有財産とした公益目的保有財産以外の財産の額	9			公益目的事業以外の事業(収益事業を除く。)から公益目的事業へ繰り入れた金額	16	
	差引計 (4)-(5)+(6)+(7)+(8)+(9)	10			計 (11)+(12)+(13)+(14)+(15)+(16)	17	

公益目的事業に係る特定費用準備資金の明細及び当期増加額のうち当期積立基準額を超えない部分の金額の計算

特定費用準備資金の目的である活動の内容	18					計
特定費用準備資金の積立期間の末日	19	・ ・	・ ・	・ ・		
当期積立額	20	円	円	円		
当期取崩額	21					
当期減少額 (21)-(20) (マイナスの場合は0)	22	①	②	③	①+②+③	
当期増加額 (20)-(21) (マイナスの場合は0)	23					
当期積立基準額の計算	当期末における積立限度額	24				
	前期までに積み立てた金額	25				
	前期までに取り崩した金額	26				
	前期末積立額累計額控除後の積立限度額 (24)-((25)-(26)) (マイナスの場合は0)	27				
	当該事業年度の月数 当該事業年度開始の日から積立期間の末日までの月数	28				
	当期積立基準額 (27)×(28)	29	円	円	円	
当期増加額のうち当期積立基準額を超えない部分の金額 ((23)と(29)のうち少ない金額)	30	④	⑤	⑥	④+⑤+⑥	

公益資産取得資金の明細及び当期増加額のうち当期積立基準額を超えない部分の金額の計算

資産取得資金の対象となる資産の名称及び資産取得資金の目的	31					計
資産取得資金の積立期間の末日	32	・ ・	・ ・	・ ・		
当期末公益資産取得資金額	33	円	円	円		
前期末公益資産取得資金額	34					
当期減少額 (34)-(33) (マイナスの場合は0)	35	⑦	⑧	⑨	⑦+⑧+⑨	円
当期増加額 (33)-(34) (マイナスの場合は0)	36					
当期積立基準額の計算	当期末における対象資産の取得に要する支出の額の最低額 (公益目的保有財産に係る部分の額に限る。)	37				
	前期末公益資産取得資金額 (34)	38				
	前期末公益資産取得資金額控除後の最低額 (37)-(38) (マイナスの場合は0)	39				
	当該事業年度の月数 当該事業年度開始の日から積立期間の末日までの月数	40				
	当期積立基準額 (39)×(40)	41	円	円	円	
当期増加額のうち当期積立基準額を超えない部分の金額 ((36)と(41)のうち少ない金額)	42	⑩	⑪	⑫	⑩+⑪+⑫	

法 0301-1402-付

Q8
補助金の取扱いはどのようになっていますか？

A 収益事業を行う公益法人等が国，地方公共団体等から交付を受ける補助金，助成金等（資産の譲渡又は役務の提供の対価としての実質を有するものを除く）は，次の区分に応じ，それぞれ取り扱うこととなっています（法基通15-2-12）。

固定資産の取得又は改良に充てるために交付を受ける補助金等の額

当該固定資産が収益事業の用に供されるものであっても，固定資産の取得又は改良に充てるために交付を受ける補助金等の額は，収益事業に係る益金の額に算入しません（＝課税対象としません）。なお，当該取得した固定資産に係る償却限度額又は譲渡損益等の計算の基礎となる取得価額は，実際の取得価額で行い，補助金等相当額の控除は行いません。

収益事業に係る収入又は経費を補塡するために交付を受ける補助金等の額

収益事業に係る収入又は経費を補塡するために交付を受ける補助金等の額は，収益事業に係る益金の額に算入します（＝課税対象となります）。

法人形態により取扱いに差異が生じる

① **公益社団法人及び公益財団法人の認定法上の公益目的事業に係る補助金等の額**

税法上は非収益事業として取り扱われることから，公益目的事業に係る補助金等については益金の額に算入されません（＝課税対象としません）。

② **通常の一般社団法人及び一般財団法人に係る補助金等の額**

税法上は普通法人として，全所得課税が行われますので，補助金等につい

ては益金の額に算入されるものと考えられます。

　ただし，固定資産の取得又は改良にあてるために国庫補助金等の交付を受け，その交付の目的に適合した固定資産の取得等をした場合には，圧縮記帳の適用が可能と考えられます。

③　**非営利性が徹底された一般社団法人及び一般財団法人**

　税法上は収益事業課税が適用されますので，固定資産の取得又は改良に充てるために交付を受ける補助金等の額は益金不算入，収益事業に係る収入又は経費を補填するための補助金等の額は益金算入となります。

Q9 固定資産譲渡益課税の取扱いはどのようになっていますか？

A 収益事業の用に供していた資産を譲渡して譲渡益が生じた場合，一定の条件を満たしていればその譲渡益については課税されないことになっています（法基通15－2－10）。

収益事業に属する固定資産の処分損益

収益事業に属する固定資産につき譲渡，除却その他の処分をした場合におけるその処分をしたことによる損益は原則として収益事業に係る損益となります。ただし，次に掲げる損益（その事業年度において2以上の固定資産の処分があるときは，そのすべてに係る損益）については，これを収益事業に係る損益に含めないことができます。

① 相当期間にわたり固定資産として保有していた土地（借地権を含む），建物又は構築物につき譲渡，除却その他の処分をした場合におけるその処分をしたことによる損益（不動産販売業の一定のものを除く）

② ①のほか，収益事業の全部又は一部を廃止してその廃止に係る事業に属する固定資産につき譲渡，除却その他の処分をした場合におけるその処分をしたことによる損益

これは，たとえ収益事業用の土地，建物等であっても長期にわたる保有から生ずるキャピタル・ゲインについては課税対象としないためです。

「相当期間」については，おおむね10年以上にわたる保有といわれています。

Q10 固定資産の評価損の税務上の取扱いはどのようになっていますか？

A 評価損を計上した場合，税務上損金の額に算入できるケースは限られています。

法人税法上の評価損

法人税法上，資産の評価損は次の場合等を除き，損金の額に算入されません。
① 災害による著しい損傷により当該資産の価額がその帳簿価額を下回ることとなったとき
② 会社更生法による更生計画認可の決定があったことによりその法律の規定に従ってその評価替えをする必要が生じたとき。
③ 民事再生法の規定による再生計画認可の決定があったこと，その他これに準ずる政令で定める事実が生じた場合において，その内国法人がその有する資産の価額につき政令で定める評定を行っているとき。

税効果会計との関連

法人税法上損金算入が認められない評価損を会計上計上した場合，会計上の利益と税務上の課税所得とで差異が生じます。また，法人において評価損の金額について税効果会計を適用している場合には，法人税等調整額相当額についても申告調整が必要となります。

Q11
運用益に対する課税はどのようになっていますか？

A 原則，収益事業の付随行為として益金の額に算入されますが，収益事業の運営に通常必要と認められる金額に見合うもの以外を非収益事業に属する資産として区分経理したときは，その区分経理した資産に係る運用益は，収益事業の収入としないことができます。

運用益に対する課税について

① 収益事業に係る益金の額には，その収益事業の性質上その事業に付随して行われる行為の収益が含まれることになっています（法令5①括弧書）。

したがって，収益事業から生じた所得を預金，有価証券等に運用する場合の運用益は，収益事業の付随行為として益金の額に算入されます（法基通15－1－6(5)）。

② ただし，収益事業の運営に通常必要と認められる金額に見合うもの以外を非収益事業に属する資産として区分経理したときは，その区分経理した資産に係る運用益は，収益事業の収入としないことができます（法基通15－1－7）。

収益事業の運営に通常必要と認められる金額に見合うもの以外とは，通常必要と認められる金額を超える分である余裕資金の運用と考えられています。

利子等に係る源泉所得税の課税について

① 公益社団法人及び公益財団法人

所得税法別表第一（公共法人等の表）に掲げられており，これらの法人が受ける利子等に係る源泉所得税は非課税となります。

② **非営利性が徹底された一般社団法人及び一般財団法人について**
  利子等に係る源泉所得税が課税されます。
③ **通常の一般社団法人及び一般財団法人について**
  利子等に係る源泉所得税が課税されます。

Q12 法人税法上の引当金の取扱いはどのようになっていますか？

A 引当金を計上した場合，法人税法上は損金算入が全額認められるとは限りません。

引　当　金

会計上，引当金として計上すべきものは，

① 将来の特定の費用又は損失であること

② その発生が当期以前の事象に起因すること

③ 発生の可能性が高いこと

④ その金額を合理的に見積ることができること

の要件を満たすものです。

ただし，法人税法においては，会計上で計上した引当金のうち，損金に算入することが認められているものは限定されており，またその繰入額にも限度があります。

引　当　金

分　　類		種　　類	法人税法の取扱い
負債性引当金	債務性引当金	返品調整引当金	損金算入（繰入限度額あり）
		賞与引当金 退職給付引当金 工事補償引当金　等	損金不算入
	非債務性引当金	修繕引当金 債務保証損失引当金　等	
評価性引当金		貸倒引当金[※1]	

※1　中小法人等ほか，法律で規定された法人以外は段階的に損金算入額が縮小の上，最終的には全額が損金不算入となります。

貸倒引当金（中小法人等[※2]）

貸付金，売掛債権等について，貸倒れその他これに類する事由による損失の見込額として，法人が各事業年度において損金経理により貸倒引当金勘定に繰り入れた金額については，当該金額のうち，以下の表に掲げる金額まで損金の額に算入できる（法法52）とされています。

個別評価金銭債権に係る繰入れ限度額	当該事業年度終了の時においてその一部につき貸倒れその他これに類する事由による損失が見込まれる金銭債権のその損失の見込額の合計額として政令（法令96条1項）で定める金額
一括評価金銭債権に係る繰入れ限度額	当該事業年度終了の時における売掛金，貸付金その他これらに準ずる金銭債権（個別評価する債権は除く）の額及び最近における売掛金，貸付金その他これらに準ずる金銭債権の貸倒れによる損失の額を基礎として政令（法令96条6項）で定めるところにより計算した金額

※2　平成24年4月1日以後に開始する事業年度から，貸倒引当金の繰入額が損金算入できるのは，中小法人等に限定されました。

賞与引当金

賞与引当金とは，毎月の給与のほかに，夏期・冬期等に賞与を支給している場合における，期末時点で見積計上を行う賞与の金額のことをいいます。

一般的に，賞与に関しては，就業規則ないし給与規程により支給時期や支給対象期間が定められており，支給時に費用として一括認識するのではなく，支給対象期間に応じた費用計上を行う会計処理をとります。

ただし，法人税法上は賞与引当金の繰入金額に関しては損金算入を認めていないため，会計上費用処理した金額については，全額別表加算調整を行うことになります。

退職給付引当金

退職給付債務から外部積立資産を控除した金額である退職給付引当金に関する繰入額は，法人税法上損金算入を認めていません。したがって，会計上費用処理した引当金繰入額に関しては，別表加算調整を行うことになります。

Q13
法人が公益社団・財団法人に寄附した場合の取扱いはどのようになっていますか？

A 税制優遇が与えられる特定公益増進法人の範囲に公益社団法人及び公益財団法人が加えられており，損金算入される限度額も拡充されています。

特定公益増進法人の範囲に追加

公益性が認定された公益社団法人及び公益財団法人については，特定公益増進法人として取り扱われます。

これにより，法人が公益社団法人及び公益財団法人に対して寄附を行った場合については，寄附者である法人において通常の寄附金の損金算入限度額とは別枠で控除枠が確保されることになります。したがって，寄附を行う法人にとってより大きな税務上のメリットを受けることが可能となりました。

損金算入限度額の拡大

平成24年4月1日以降に開始する事業年度から特定公益増進法人等に係る寄附金の損金算入限度額について，所得基準が所得の6.25％相当額及び法人の資本金等基準が資本金等の額の0.375％とされました。このため，寄附を行った法人において損金算入される寄附金の限度額が拡充されています。

① 改正前の損金算入限度額

(法人の所得金額×5％＋法人の資本金等の額×0.25％)×$\frac{1}{2}$

② 改正後の損金算入限度額

(法人の所得金額×6.25％＋法人の資本金等の額×0.375％)×$\frac{1}{2}$

3 税務編

「特定公益増進法人に対する寄附金損金算入限度額」

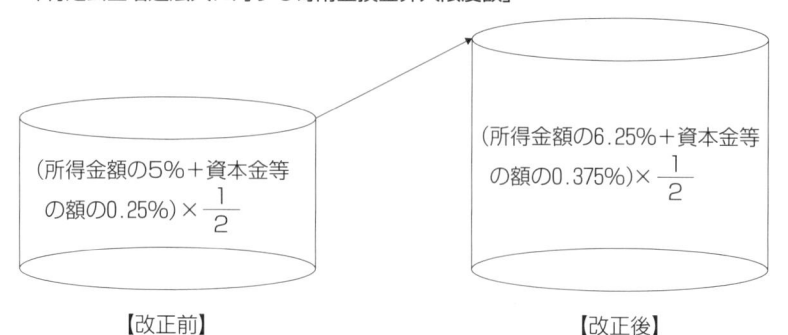

（所得金額の5％＋資本金等の額の0.25％）×$\frac{1}{2}$

【改正前】

（所得金額の6.25％＋資本金等の額の0.375％）×$\frac{1}{2}$

【改正後】

＜出所：国税庁「新たな公益法人関係税制の手引」＞

「一般の寄附金の損金算入限度額」

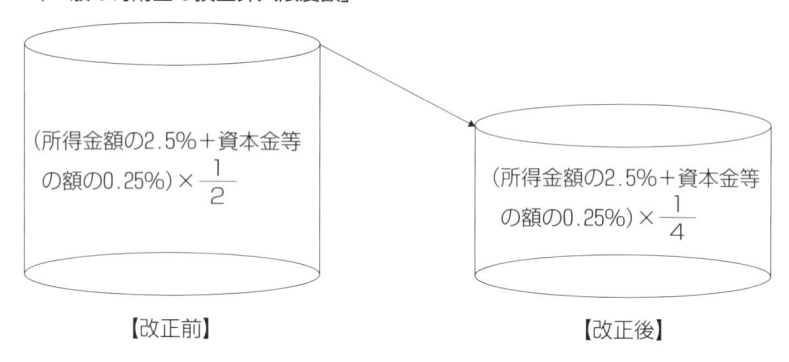

（所得金額の2.5％＋資本金等の額の0.25％）×$\frac{1}{2}$

【改正前】

（所得金額の2.5％＋資本金等の額の0.25％）×$\frac{1}{4}$

【改正後】

【事例】

A社が当期において支出した寄附金の額は以下のとおりです。

A社の資本金は4,000万円で，寄附金支出前の所得金額は5,000万円です。

（寄附金の明細）

　公益社団法人B協会に対する寄附金　100万円

　一般社団法人C協会に対する寄附金　200万円

　これ以外に寄附金はありません。

(1) 特定公益増進法人への寄附金の損金算入限度額の計算

（寄附金支出前の所得5,000万円×6.25％＋資本金等の額4,000万円×0.375％）×$\frac{1}{2}$＝1,637,500円

(2) 特定公益増進法人に対する寄附金の損金算入限度額の計算

　① 公益社団法人Ｂ協会に対する寄附金　100万円

　② (1)の寄附金の損金算入限度額　1,637,500円

　いずれか少ない金額　100万円

(3) 損金不算入額の計算

　寄附金支出額合計300万円－(2)の特定公益増進法人枠100万円＝200万円

　200万円－一般寄附金の枠337,500円＝1,662,500円

　→ 支出した300万円のうち1,662,500円は，税金計算上は損金となりません。
　　 逆に1,337,500円は寄附した法人において損金となります。

　仮に，上記の事例で一般社団法人Ｃ協会にのみ300万円寄附した場合には，

　300万円－337,500円＝2,662,500円

　→ 支出した300万円のうち2,662,500円は，税金計算上は損金になりません。
　　 逆に，337,500円は寄附した法人において損金となります。

　　※ この事例では，寄附するＡ社において100万円損金になる金額に差が生じています。つまり，公益社団・財団法人に寄附した方がメリットがあります。

3 税務編

Q14 個人が公益法人に寄附した場合の取扱いはどのようになっていますか？

A 税制優遇が与えられる特定公益増進法人の範囲に公益社団法人及び公益財団法人が加えられ，寄附者である個人において所得控除が可能となっています。

また，当該公益法人が税額控除証明を受けている場合には，税額控除との選択適用が可能です。

特定公益増進法人の範囲に追加

公益性が認定された公益社団法人及び公益財団法人については，特定公益増進法人として取り扱われます。

これにより，個人が公益社団法人及び公益財団法人に対して寄附を行った場合については，寄附者である個人において所得控除が可能となります。

所得控除される限度額（国税）

寄附した金額から2,000円を差し引いた金額が寄附者である個人の所得から控除（所得控除）されます。ただし，寄附額は，その個人の所得金額の40％相当額が限度となります。

確定申告時に，寄附した公益法人の領収書が必要となります。

所得控除額＝寄附金※－2,000円

※ 所得控除の対象になる寄附金は，年間所得金額の40％まで

税額控除される限度額（国税）

　寄附した金額から2,000円を差し引いた金額に40％を乗じた金額を寄附者である個人の所得税から控除（税額控除）できます。ただし，寄附額は，その個人の所得金額の40％相当額が限度であり，税額控除額も所得税額の25％が上限となります。

　確定申告時に，寄附した公益法人の領収書及び税額控除に係る証明書の添付が必要となります。

> 税額控除額[※1] ＝（寄附金[※2] － 2,000円）× 40％
> ※1　寄附金の税額の控除額は，年間所得税額の25％まで
> ※2　税額控除の対象になる寄附金は，年間所得金額の40％までの金額

寄附による税額への影響

例　5万円の寄附を公益法人に行った場合

　＜所得控除＞

　　50,000円 － 2,000円 ＝ 48,000円が課税所得から控除されます。

　　所得税率が20％の場合，48,000円 × 20％ ＝ 9,600円が減税となります。

　＜税額控除＞

　　（50,000円 － 2,000円）× 40％ ＝ 19,200円が減税となります。

地方税における寄附金控除

　都道府県又は市区町村が条例により指定した寄附については，支出した寄附金の一定額が住民税から控除されます。したがって，当該公益法人が都道府県又は市区町村により条例指定を受けている場合には，下記の金額の税額控除（住民税）を受けることができます。

3 税務編

- 都道府県による指定 〜（寄附金※ − 2,000円）× 4％
- 市区町村による指定 〜（寄附金※ − 2,000円）× 6％
- 都道府県と市区町村の両方からの指定
  〜（寄附金※ − 2,000円）×10％

　※　税額控除の対象になる寄附金は，年間所得金額の30％まで

例　都道府県と市区町村の両方から指定を受けている公益法人に5万円の寄附を行った場合

　住民税の税額控除額＝（50,000円 − 2,000円）×10％＝4,800円

が減税となります。

　したがって，所得税の税額控除と住民税の税額控除の両方を適用すると，50,000円の寄附金の支出に対し，24,000円（19,200円＋4,800円）の税額控除を受けることができます。

Q15
個人が金銭ではなく不動産や株式を公益法人等に寄附した場合の取扱いはどのようになっていますか？

A 原則，譲渡所得として所得税等が課税されますが，公益法人に対する不動産等の寄附であれば一定の要件を満たす限り非課税となり，譲渡所得税等の課税は行われません。この制度の対象となる法人に公益社団法人・公益財団法人等が入っています。

非課税対象法人の範囲に追加

以下の法人が，譲渡所得の非課税特例の対象法人に加えられています。

① 公益社団法人及び公益財団法人
② 一般社団・財団法人のうち非営利性が徹底された法人

(注) 一般社団・財団法人のうち共益的活動を目的とする法人は，本制度の対象外となります。また，非営利性が徹底されておらず，かつ，共益的活動を目的としていない通常の一般社団・財団法人についても，当然に本制度の対象外となります。

寄附を受けた財産が対象法人の公益事業の用に供されなくなった場合

非課税承認が取り消された場合，寄附時の譲渡所得等は承認取消し年分の所得として取り扱われ，その対象法人に対して，所得税が課税されます。

3 税務編

Q16
相続人が相続財産を公益法人に対して寄附した場合の取扱いはどのようになっていますか？

A 国や，地方公共団体又は特定の公益を目的とする事業を行う特定の法人などに対して相続財産を寄附した場合には，相続人の相続税が非課税とされます。公益社団法人・公益財団法人はこの制度の対象となっています。

非課税対象法人の範囲に追加

公益社団法人及び公益財団法人については，相続財産を贈与した場合に相続税が非課税とされる法人の範囲に加えられています。

非課税特例を受けるための要件

この特例を受けるには，以下の要件すべてに該当することが必要です。
① 寄附した財産は，相続や遺贈によって取得した財産であること
　相続や遺贈で取得したとみなされる生命保険金や退職手当金も含まれます。
② 相続財産を相続税の申告書の提出期限までに寄附すること
③ 寄附した先が国や地方公共団体又は教育や科学の振興などに貢献することが著しいと認められる特定の公益を目的とする事業を行う特定の法人（以下「特定の公益法人」といいます）であること
　（注）特定の公益法人の範囲は公益社団・財団法人や社会福祉法人などに限定されており，寄附の時点で既に設立されていなければなりません。

特例の適用除外

以下の場合は上記特例が適用できません。

① 寄附を受けた日から2年を経過した日までに寄附を受けた法人が特定の公益法人に該当しなくなった場合や特定の公益法人がその財産を公益を目的とする事業の用に使っていない場合
② 寄附又は支出した人あるいは寄附又は支出した人の親族等の相続税又は贈与税の負担が結果的に不当に減少することとなった場合
（例：財産を寄附した人又は寄附した人の親族等が，寄附を受けた特定の公益法人などを利用して特別の利益を受けている場合）

特例の適用手続き

相続税の申告書に寄附又は支出した財産の明細書や一定の証明書類を添付することが必要です。

＜出所：国税庁タックスアンサー　相続税　相続と税金＞

3 税務編

Q17
公益法人が寄附金の税額控除の証明を受けるにはどのような手続きが必要ですか？

A 行政庁に対し税額控除証明の申請を行います。この証明は行政庁から証明を受けた日から5年間有効となっています。ただし，税額控除証明を受けるには，2つの要件のいずれかを満たす必要があります。

税額控除証明法人

QA15で解説したとおり，税額控除証明を受けた公益法人に対して寄附を行った個人は，所得控除ないしは税額控除のいずれか有利な方を選択適用することが可能となります。公益法人にとっては寄附金を集めやすくなる効果があり，魅力的な制度です。税額控除証明を受けるには2つの要件のうちいずれか1つを満たす必要があります。

税額控除証明を受けるための要件Ⅰ

実績判定期間において，3,000円以上の寄附金を支出した者が，平均して年に100人以上いることが必要です。

実績判定期間とは，直前に終了した事業年度終了日以前5年内に終了した各事業年度のうち最も古い事業年度開始の日から当該直前に終了した事業年度終了日までをいいます。

活動実績が5年に満たない法人は，設立の日から直前に終了した事業年度終了日までが実績判定期間となります。実績判定期間には，特例民法法人又は一般社団・財団法人であった期間における事業年度を含めます。

ある人の1回の寄附金額が3,000円に満たなくても，複数回同一の者が寄附を行うことにより同一事業年度において，計3,000円以上となれば寄附者1人

としてカウントできます。

なお、寄附者並びに当該寄附者と生計を一にする者は合算して1人として判定します。申請する法人の役員は寄附者としてカウントすることはできません。

税額控除証明を受けるための要件Ⅱ

下記の割合（経常収入金額に占める寄附金等収入）が、5分の1以上であることが必要です。

$$\frac{受入寄附金総額 - \dfrac{1者当たりの基準限度超過額^{※1}}{1者から計1,000円未満の寄附金} + \substack{社員から\\支出され\\た会費}^{※2} \times \substack{公益目的\\事業比率} + \substack{国等か\\らの補\\助金}^{※3}}{総収入金額 - (国等からの補助金^{※3}, 委託支出, 臨時費用等^{※4})}$$

※1　1者当たりの基準限度超過額：同一の者からの寄附金の額の合計額のうち、受入寄附金総額の10分の1（特定公益増進法人・認定NPO法人からの寄附については10分の5）を超える部分の金額。

※2　公益社団法人は「会費×公益目的事業比率」の金額と寄附金等収入に加算することができますが、その場合、
○受入寄附金総額 -（1者当たりの基準限度超過額 + 1者から計1,000円未満の寄附金 + 氏名等不詳の寄附金）が上限となります。
○公益社団法人において、社員の数が20人未満の場合には、本項目において会費を算入することはできません。

※3　国等からの補助金について
○国等からの補助金の額は、(i)寄附金等収入に加算する、又は、(ii)総収入金額から控除する、のいずれかが可能です。
○寄附金等収入に加算する場合、「受入寄附金総額 -（1者当たりの基準限度超過額 + 1者から計1,000円未満の寄附金 + 氏名等不詳の寄附金）」が上限となります。

※4　"等"とは以下の項目を指します。
○法律又は政令の規定に基づき行われる事業でその対価の全部又は一部につき、その対価を支払うべき者に代わり、国又は地方公共団体が負担することとされている場合のその負担部分
○遺贈により受け入れた寄附金等のうち、1者当たり基準限度超過額に相当する部分
○同一の者から受け入れた寄附金の額の合計額が1,000円に満たないもの
○寄附者の氏名又は名称が明らかでないもの

3 税務編

証明後に必要なことなど

　税額控除が適用できるのは，行政庁から証明を受けた日以降に支出された個人からの寄附金となります。したがって，寄附金の領収書と共に税額控除証明書も交付する必要があります。

　なお，以下の書類を主たる事務所に備え付け，閲覧の請求があった場合には，閲覧に供する必要があります。

- ・従業員給与支給規程
- ・役員，役員と親族関係を有する者，役員と特殊の関係にある者，以上の者からの一事業年度における受入寄附金の合計額が20万円以上である場合には，当該寄附金支出者の氏名，寄附金の額，受領年月日を記載した書類
- ・他法人へ支出した寄附金の額，相手先，支出年月日を記載した書類

＜出所・内閣府HP　税額控除に係る証明～申請の手引き～＞

参考　公益法人が発行する寄附金受領書の例

寄附金受領証明書

住所　_____

名称　_____　様

　　　　￥_____

上記の金額を〇〇事業に使用するものとして受領いたしました。

平成　年　月　日

　　　　　　　　　　所在地

　　　　　　　　　　法人名

3 税務編

Q18
法人税法上の収益事業を行っていませんが、消費税を納付する必要はあるのですか？

A 法人税法上の収益事業を行っていない法人であっても、消費税の課税対象となる取引を行っていれば、消費税を納める義務があります。

ただし、基準期間の課税売上高が1,000万円以下の事業者には、消費税を納税する義務が免除されています。

消費税の納税義務者

消費税の「納税義務者」とは、次のような国内取引を行う事業者と輸入取引を行う者です。

消費税の納税義務者

区　分	納税義務者
国内取引	国内において、消費税の課税対象となる取引（商品の販売、役務の提供、資産の貸し付け等）を、事業として対価を得て行う事業者（法人及び個人事業者）
輸入取引	課税対象となる貨物を保税地域から引き取る者（事業者に限らず、一般消費者も含む）

したがって、国、地方公共団体、公共法人、公益法人等、人格のない社団等（法人でない社団又は財団で代表者又は管理人の定めがあるものをいう）のほか、非居住者及び外国法人でも、国内において課税資産の譲渡等や輸入取引を行う限り、原則として消費税の納税義務者になります。

▼納税義務者の判定　その1

国内取引については、その課税期間の基準期間（前々事業年度）における課

税売上高が1,000万円以下の事業者は納税義務が免除されます。このような納税義務が免除される事業者のことを,「免税事業者」と呼び,免税でない事業者のことを「課税事業者」と呼びます。

免税事業者は,課税資産の譲渡等を行っても,その課税期間は消費税が課税されないことになり,反対に後述する,課税仕入れ及び課税貨物に係る消費税の仕入税額控除を行うことができません。

なお,法人税とは異なり,消費税に関しては事業区分ごとに集計計算するのではなく,法人全体として集計計算を行い,申告することになります。

例　個人事業者の場合の基準期間と課税期間

平成24年（基準期間）	平成25年	平成26年（課税期間）
課税売上高 1,000万円超	→	課税事業者

平成24年の課税売上高が1,000万円超の場合には,平成26年は課税事業者となります。

＜出所：国税庁「消費税のあらまし」＞

▼納税義務者の判定　その2

平成25年1月1日以後に開始する法人のその事業年度（個人事業者は,その年）からは,基準期間の課税売上高が1,000万円以下であっても,下記の特定期間（前期の上半期）の課税売上高が1,000万円を超える事業者は,免税事業者にはなりません。

- 法人のその事業年度の前事業年度開始から6ヶ月間の期間
  （個人事業者は,その年の前年1月1日から6月30日までの期間）
- 法人のその事業年度の全事業年度が7ヶ月以下の場合で,その事業年度の前1年内に開始した前々事業年度があるときは,前々事業年度の開始の日から6ヶ月間の期間

課税売上高に代えて，特定期間に支払った所得税法に規定する給与等の支払額の金額とすることもでき，課税売上高又は給与等の金額のいずれか有利な方を選択することができます。

よって，基準期間の課税売上高が1,000万円以下で，かつ，特定期間の課税売上高ないしは給与等の金額のいずれかが1,000万円以下であることが免税事業者の要件となります。

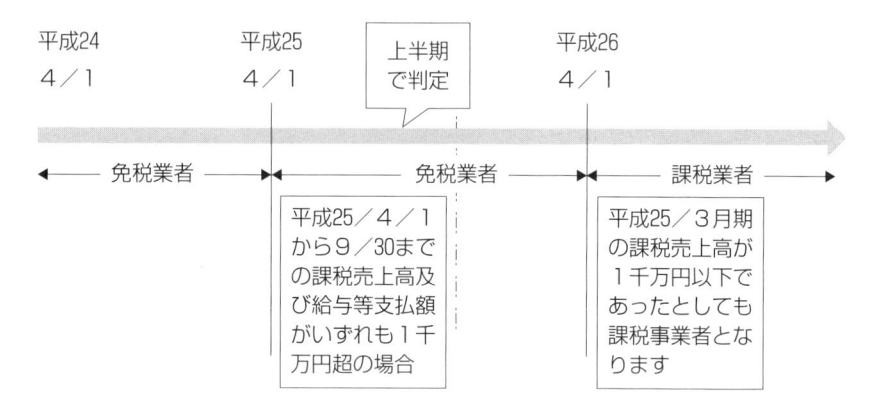

```
平成24        平成25        上半期       平成26
4/1          4/1          で判定       4/1

◀── 免税業者 ──▶◀── 免税業者 ──▶◀── 課税業者 ──▶
                  │                │
              平成25/4/1        平成25/3月期
              から9/30まで       の課税売上高が
              の課税売上高及      1千万円以下で
              び給与等支払額      あったとしても
              がいずれも1千      課税事業者とな
              万円超の場合       ります
```

免税事業者の制限

課税事業者選択届出書を提出し，平成22年4月1日以後開始する課税期間から課税事業者となる場合で，課税事業者となった課税期間の初日から2年を経過する日までの間に開始した各課税期間中に調整対象固定資産※の課税仕入れを行い，かつ，その仕入れた日の属する課税期間の消費税の確定申告を一般課税方式で行う場合には，当該調整対象固定資産の課税仕入れを行った日の属する課税期間の初日から原則として3年間は免税事業者となることはできず，かつ簡易課税制度を適用することもできません。

※　調整対象固定資産：建物及びその附属設備，機械装置，車両運搬具，工具器具備品等の資産で税抜金額が100万円以上のもの

課税事業者の選択

　基準期間における課税売上高が1,000万円以下の免税事業者の場合には、納税義務がないことから、還付も受けることができません。ただし、消費税課税事業者選択届出書を提出することにより、課税事業者を自ら選択することが可能です。そのため、輸出業を中心に行っている場合や多額の設備投資を行う予定がある場合は、消費税の還付を受けられる可能性があることから、自ら課税事業者を選択して還付を受けることが行われています。

　なお、消費税課税事業者選択届出書を提出した事業者は、2年間は免税事業者に戻ることができませんので、よく検討した上で選択するか否かを決定する必要があります。

　この制度の適用を受けるためには、その適用を受けようとする課税期間の開始する日の前日までに消費税課税事業者選択届出書を提出する必要があります。

Q19 消費税はどのように計算されるのですか？

A 消費税の仕入控除税額の計算方法には，一般課税方式と簡易課税方式の2種類があります。

一般課税方式

課税対象となる資産の譲渡・貸付け，役務の提供によって受領した対価を「課税売上げ」といい，逆に課税対象となる資産の購入などに対して支払った対価を「課税仕入れ」といいます。

消費税の納税額は，原則として，課税売上げに係る消費税から，課税仕入れに係る消費税を差し引いて計算します。これを「一般課税方式」と呼びます。

課税売上げに係る消費税額（①）	課税仕入れに係る消費税額（②）
	納税額（①−②）

簡易課税方式

中小企業者の事務負担軽減のため，基準期間（前々事業年度）の課税売上高が5,000万円以下の事業者は，課税売上高のみから納税額を計算する「簡易課税方式」を選択することができます。

課税売上げに係る消費税額（①）	課税仕入れに係る消費税額（②＝①×「みなし仕入れ率」）
	納税額（①−②）

「みなし仕入れ率」
- 第1種事業（卸売業）　　　　　　90%
- 第2種事業（小売業）　　　　　　80%
- 第3種事業（製造業等）　　　　　70%
- 第4種事業（金融，その他）　　　60%
- 第5種事業（不動産，サービス業等）　50%

※ 平成27年4月1日以降開始事業年度から、金融業、保険業、不動産業についてみなし仕入率が次のとおり改正されます。

事　　業		改　正　前	改　正　後
その他事業	飲食店業、その他の事業	60% （第4種） ⇒	60%（第4種）
	金融業及び保険業		50%（第5種）
サービス業等	運輸通信業、サービス業	50% （第5種） ⇒	50%（第5種）
	不動産業		40%（第6種）

公益法人における一般課税方式における注意点

　公益法人は株式会社等の営利企業とは収入構造が異なっているのが通常です。その収入のうちに、補助金、助成金、寄附金などが存在するためですが、これらの収入（特定収入といいます。ＱＡ28参照）の合計額が一定の割合を超えると、一般課税方式を採用している場合には、後述する仕入税額控除の特例計算が適用されることになりますので注意が必要です。

Q20
消費税の課税対象となる取引の概要について教えてください

A 消費税の課税対象となるのは,「国内取引」及び「輸入取引」です。

課税対象とは

課税対象とは,次の4つの要件すべてを満たす取引でかつ「非課税取引」と「輸出免税取引」以外の取引です。

① 国内において行うもの(国内取引)であること
② 事業者が事業として行うものであること
③ 対価を得て行うものであること
④ 資産の譲渡,資産の貸付け,役務の提供であること(課税資産の譲渡等であること)

国内において行うものとは

消費税は国内取引に対して課税されます。

事業者が国内と国外の両方にわたって取引を行っている場合には,以下の判定基準をもとに,判断します。

① 資産の譲渡又は貸付けの場合

　資産の譲渡又は貸付けが行われる時において,その資産の所在する場所が国内であれば国内取引,国外であれば国外取引となります。

　よって,その資産の所在地が国外であれば,消費税の課税対象外となります。

② 役務の提供の場合

　役務の提供が行われた場所が国内であれば国内取引になります。

<参　考>
　運輸・通信など国内と国外の両方にわたって行われる役務の提供の場合には，発送地や到着地等の場所が国内であれば国内取引となります。

事業者が事業として行うものとは
消費税は事業者が事業として行う取引を課税対象とします。
法人が行う取引はすべて「事業として」に該当します。

対価を得て行うものとは
　資産の譲渡に対して，反対給付を受けることを「対価を得る」といいます。
　よって，寄附金や補助金のような対価性のない取引は原則として資産の譲渡等の対価には該当せず，消費税の課税対象にはなりません。また，無償の取引，宝くじの当選金等も課税の対象にはなりません。

資産の譲渡，資産の貸付け，役務の提供とは
① **資産の譲渡とは**
　売買や交換等の契約に従い，資産を他人に移転することをいいます。
② **資産の貸付けとは**
　賃貸借等の契約により，資産を他の者に貸付け，使用させる一切の行為をいいます。
③ **役務の提供とは**
　請負契約，委任契約等に基づいて，労務・便益その他のサービスを提供することをいいます。

輸入取引とは
保税地域から引き取られる外国貨物が課税対象となります。

3 税 務 編

消費税の課税対象は、「1　国内取引」と「2　輸入取引」に限られ、国外で行われる取引は課税対象にはなりません。

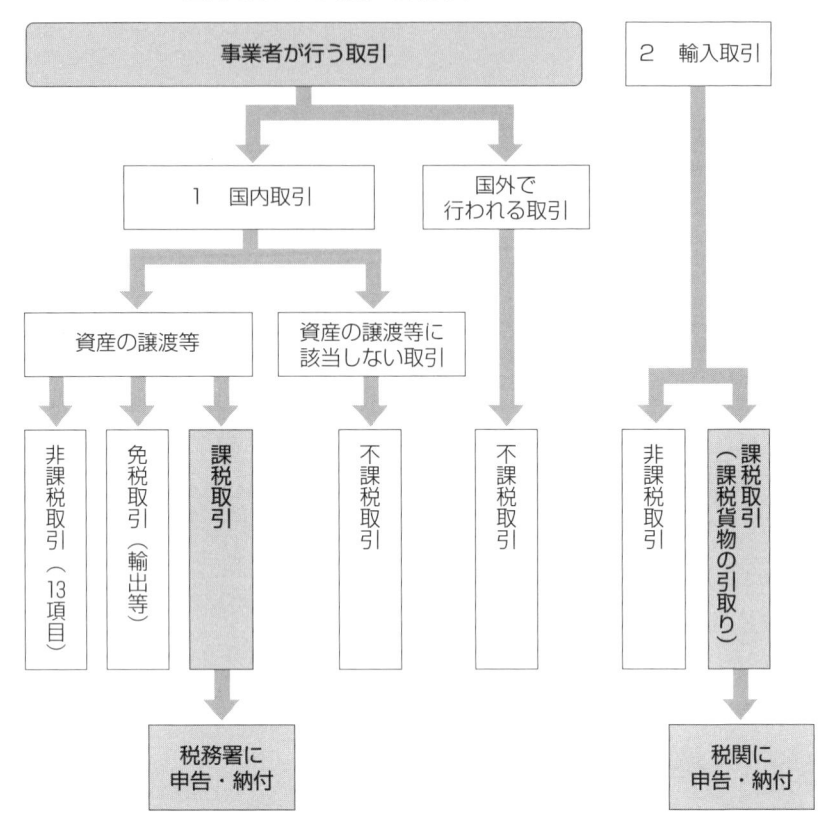

```
                    事業者が行う取引
                          │
          ┌───────────────┼───────────────┐
          ▼                               ▼
      1 国内取引                      国外で行われる取引
          │
    ┌─────┴─────┐
    ▼           ▼
資産の譲渡等   資産の譲渡等に
              該当しない取引
    │
 ┌──┼──┐        │               │
 ▼  ▼  ▼        ▼               ▼
非 免 課       不課税取引      不課税取引
課 税 税
税 取 取
取 引 引
引（
（ 輸
13 出
項 等
目 ）
）
        │
        ▼
     税務署に
     申告・納付
```

```
            2 輸入取引
                │
          ┌─────┴─────┐
          ▼           ▼
      非課税取引   課税取引
                  （課税貨物の引取り）
                      │
                      ▼
                   税関に
                   申告・納付
```

＜出所：国税庁「消費税のあらまし」＞

Q21
非課税取引とはどのような取引ですか？

A 消費税の性格から課税対象とすることになじまないものや社会政策的な配慮から課税とすることが適当でないものについては，消費税が課されません。

非課税となる国内取引

原則として，事業者が国内で対価を得て行う物品の販売や役務の提供，動産・不動産の貸付などは，すべて消費税の対象となります。

しかし，物品や役務の提供の中には，消費に対して負担を求める税としての性格から課税対象とすることになじまないものや，社会政策上課税することが不適切なものがあり，これらの取引は「非課税」とされています。

◆消費税の非課税となる主な国内取引

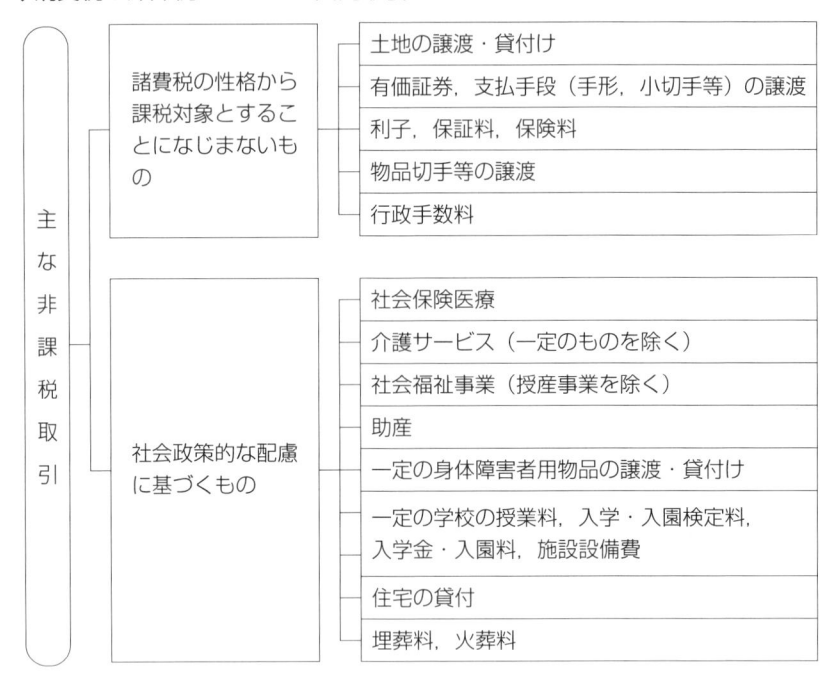

主な非課税取引
- 諸費税の性格から課税対象とすることになじまないもの
  - 土地の譲渡・貸付け
  - 有価証券,支払手段(手形,小切手等)の譲渡
  - 利子,保証料,保険料
  - 物品切手等の譲渡
  - 行政手数料
- 社会政策的な配慮に基づくもの
  - 社会保険医療
  - 介護サービス(一定のものを除く)
  - 社会福祉事業(授産事業を除く)
  - 助産
  - 一定の身体障害者用物品の譲渡・貸付け
  - 一定の学校の授業料,入学・入園検定料,入学金・入園料,施設設備費
  - 住宅の貸付
  - 埋葬料,火葬料

非課税となる外国貨物

国内における非課税取引とのバランスをとるため,輸入取引のうち,以下のものについては非課税とされています。

① 有価証券等
② 郵便切手類,印紙,証紙,物品切手等
③ 身体障害者用物品
④ 教科用図書

Q22 免税とされる取引はどのような取引ですか？

A 消費税は国内における商品の販売や役務の提供などに課税されるものです。課税事業者が輸出取引や国際輸送などの輸出に類似する取引として行う課税資産の譲渡等については，消費税が免除されます。非課税取引とは異なり課税対象取引ではありますが，適用される税率が０％なので免税取引と呼ばれています。

輸出免税

課税事業者が次のような輸出取引を行った場合は，消費税が免除されます。

① 国内からの輸出として行われる資産の譲渡又は貸付け（典型的な輸出取引）
② 国内と国外との間の旅客や貨物の輸送（国際運送）
③ 非居住者に対する鉱業権，著作権，営業権等の無形財産権の譲渡又は貸付け
④ 非居住者に対する役務の提供

ただし，次の(a)から(c)については免税とされる輸出取引には該当せず，消費税が課されます。

(a) 国内に所在する資産に係る運送又は保管
(b) 国内における飲食，宿泊
(c) (a)・(b)に準ずるもので国内において直接便益を享受するもの

3 税務編

輸出免税の適用を受けるには

　輸出免税の適用を受けるためには，その取引が輸出取引等である証明が必要です。輸出取引等の区分に応じて，輸出許可書，税関長の証明書又は輸出の事実を記載した帳簿や書類を整理し，納税地等に7年間保存する必要があります。

Q23
一般課税方式による消費税等の計算手順の概要を教えてください

A 課税期間における課税売上げに係る消費税額から，課税仕入れ等に係る消費税額（以下「仕入控除税額」という）を控除した金額が納税額です。

一般課税方式による消費税額等の計算

一般課税方式による消費税額等の計算は，次のような計算手順となります。

> 消費税の納付税額＝課税売上げに係る消費税額－課税仕入れ等に係る消費税額

課税売上げに係る消費税額の算出

課税売上げに係る消費税額は，課税標準の合計額に税率を掛けて算出します。

したがって，収入項目をまず課税対象取引，不課税取引，非課税取引，免税取引に区分し，その合計額を集計する必要があります。

> 課税標準額＝課税売上高（税込）×$\frac{100}{108}$
> 課税売上げに係る消費税額＝課税標準額×6.3％

税　率

消費税6.3％＋地方消費税1.7％＝8％となっています。

計算上は6.3％の国税分を先に計算した後で，地方消費税1.7％を求め，その合計額を納付することになっています。

課税仕入れに係る消費税額の算出

課税期間中の課税売上げに係る消費税額から，課税仕入れ等に係る消費税額

を控除します。

> 課税仕入れ等に係る消費税額＝①＋②
> ①＝国内における課税仕入れに係る消費税額
> 　（課税仕入れの税込合計額×$\frac{6.8}{108}$）
> ②＝外国貨物の引取りに係る消費税額

▼申告書作成の詳細フロー図

1．課否判定

　収入科目，支出科目等について，課否判定を行い，課税・非課税・不課税の各々の合計額を算出します。

⇩

2．課税売上割合の計算

　課税売上割合を計算し，95％以上か95％未満かを把握します。

⇩

3．控除対象仕入税額の計算（通常の計算方法）

　課税売上割合に応じ，仕入控除税額を求めます。

⇩

4．特定収入の把握と調整計算

　特定収入割合を計算し，5％超の場合には，特例計算を行います。

⇩

5．控除対象仕入税額の計算

　上記3，4の結果を利用し，控除対象仕入税額を求めます。

⇩

6．消費税の計算

　上記2で計算した課税売上割合の分子＝課税資産の譲渡等の対価の額（税抜）＝課税標準額であり，この課税標準額に6.3％を乗じて課税標準税額を算出し，ここから上記5の控除対象仕入税額を控除して消費税額を求めます。次に地方税を計算します。中間納付がある場合には，差し引いて納税額を求めます。

Q24 課税仕入れとは何ですか？

A 国内において行った消費税が含まれた商品やサービス等の購入を総称して課税仕入れといいます。このほか，課税貨物を外国から輸入した場合にも，その引取りに関して消費税が課税されています。

仕入控除税額と課税仕入れ

一般課税方式で消費税の納税額を計算する場合，課税売上げに係る消費税額から，課税仕入れに係る消費税額を控除します。この控除する仕入税額のことを「仕入控除税額」といい，仕入控除税額の対象となる「課税仕入れ」とは，消費税の課税対象である支出のことをいいます。

支出には様々なものがありますが，一般的には国内で購入した商品や提供を受けたサービス，資産の貸付けを受けることにより支払う使用料などの諸々の取引を総称して「課税仕入れ」と呼んでいます。

しかし，取引のすべてが「課税仕入れ」となるわけではなく，「非課税取引」やそもそも消費税の課税対象にならない「不課税取引」は，仕入控除税額の対象になりません。したがって，人件費，減価償却費，引当金の繰入れといった不課税取引は，仕入控除税額の対象にはなりませんので注意が必要です。

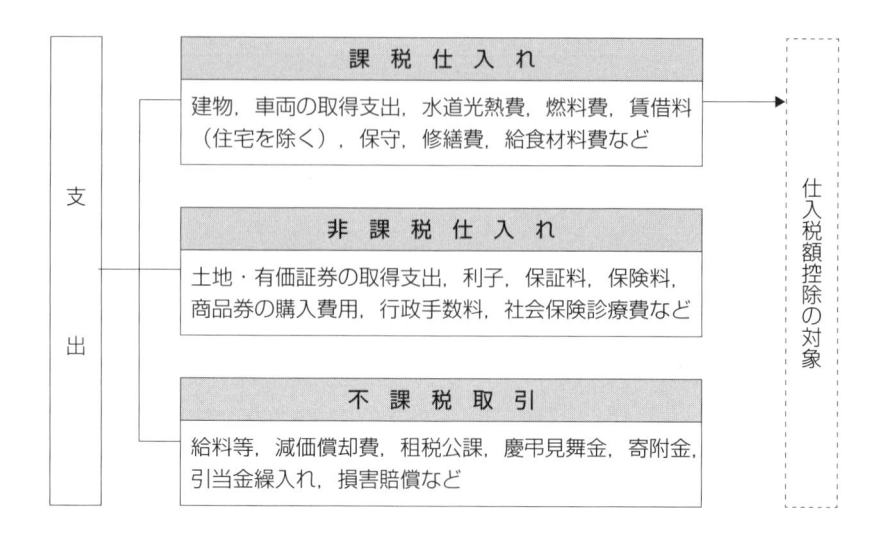

3 税務編

支出	課税仕入れ 建物，車両の取得支出，水道光熱費，燃料費，賃借料（住宅を除く），保守，修繕費，給食材料費など	→	仕入税額控除の対象
	非課税仕入れ 土地・有価証券の取得支出，利子，保証料，保険料，商品券の購入費用，行政手数料，社会保険診療費など		
	不課税取引 給料等，減価償却費，租税公課，慶弔見舞金，寄附金，引当金繰入れ，損害賠償など		

Q25 仕入税額控除を受けるための要件は何かありますか？

A　仕入税額控除の適用を受けるためには，帳簿に必要事項の記載を行い，かつ保存をしておく必要があります。

帳簿及び請求書等の保存義務

　基準期間の課税売上高が5,000万円を超える事業者は簡易課税制度を適用することができなくなります。そこで一般課税方式で消費税の計算を行うことになりますが，課税仕入れ等に係る消費税額の控除を受けるためには，原則として課税仕入れ等の事実を記録した帳簿及び課税仕入れ等の事実を証する請求書等の両方の保存が必要となります。

帳簿の記載事項と保存期間

　課税事業者は，
- 取引を行った年月日
- 相手先の氏名又は名称
- 資産又は役務の内容
- 取引の金額

を帳簿に記載し，その課税期間の確定申告期限の翌日から7年間，納税地等に保存しなくてはなりません。

＜例　外＞
　税込支払額が30,000円未満の場合は帳簿の保存のみでよく，請求書等の保存は必要とされません。
　税込支払額が30,000円以上の場合であっても，請求書等の交付を受けなかったことにつきやむを得ない理由がある場合には，請求書等の保存がなく

ても仕入税額控除を受けることができます。ただし，法定事項を記載した帳簿にそのやむを得ない理由及び相手方の住所又は所在地を記載しなければなりません。

＜参　考＞

請求書等の記載事項
- 相手先の氏名又は名称
- 取引年月日
- 資産又は役務の内容
- 取引の金額
- 書類の交付を受ける当該事業者の氏名又は名称

消費税法における帳簿及び請求書等の保存期間

原　　則	その課税期間の確定申告期限の翌日から7年間
特　　例	・帳簿を7年間保存する場合は，請求書等の保存は5年間で可 ・請求書等を7年間保存する場合は，帳簿の保存は5年間で可

Q26
一般課税方式における仕入税額控除の概要はどのようになっていますか？

A 課税売上高及び課税売上割合によって異なり，課税売上高が5億円超又は課税売上割合が95％未満のケースでは個別対応方式又は一括比例配分方式のいずれかを選択適用します。

一般課税方式における仕入控除税額の計算

課税売上高5億円以下かつ課税売上割合が95％以上の場合には，課税仕入れに係る消費税額の全額を控除できます。

課税売上高5億円超又は課税売上割合が95％未満の場合には，「個別対応方式」又は「一括比例配分方式」で計算します。

条　　件	控除すべき仕入れ税額
課税売上高5億円以下かつ課税売上割合が95％以上	課税仕入れにかかる消費税額の全額を控除
課税売上高5億円超又は課税売上割合が95％未満	「個別対応方式」又は「一括比例配分方式」で計算

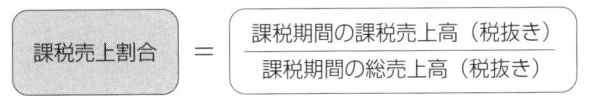

課税売上割合の計算
■課税売上割合の計算

$$課税売上割合 = \frac{課税期間の課税売上高（税抜き）}{課税期間の総売上高（税抜き）}$$

■課税売上割合

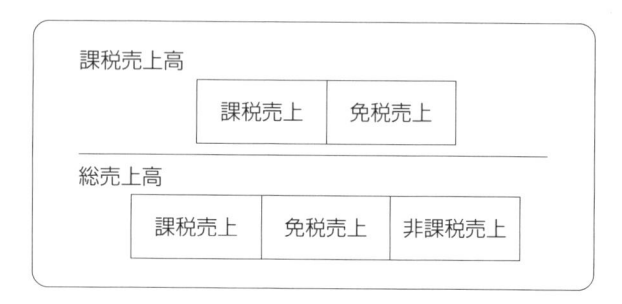

```
┌─────────────────────────────────────┐
│  課税売上高                          │
│        ┌────────┬────────┐          │
│        │ 課税売上 │ 免税売上 │          │
│        └────────┴────────┘          │
│  ─────────────────────────          │
│  総売上高                            │
│        ┌────────┬────────┬────────┐ │
│        │ 課税売上 │ 免税売上 │ 非課税売上│ │
│        └────────┴────────┴────────┘ │
└─────────────────────────────────────┘
```

① それぞれの売上高には，貸倒れとなった売上高を含み，返品を受けたり，値引，割戻しを行った場合にはその金額を控除します。
② 有価証券及び金銭債権の譲渡の対価の額は，その譲渡収入の5％に相当する金額を非課税売上高として分母に加算します。

個別対応方式

課税期間中の課税売上に係る消費税額から，課税仕入れ等に係る消費税額のうち，課税売上割合に対応する部分のみが控除されます。

個別対応方式により控除税額を計算する場合，
　① 課税売上げにのみ要する課税仕入れに係る消費税額
　② 課税売上げと非課税売上げに共通する課税仕入れに係る消費税額
　③ 非課税売上げにのみ要する課税仕入れに係る消費税額
の3つに分類する必要があります。

①は全額課税売上げに係る消費税額から控除することができます。
③は全く控除することができません。
②は課税売上割合を乗じて求めた金額を控除することができます。

3 税務編

<table>
<tr><td rowspan="4">個別対応方式</td><td colspan="3">課税期間中の課税仕入れ等に係る消費税額のすべてを，次のように区分します。</td></tr>
<tr><td rowspan="3">課税仕入れ等に係る消費税額</td><td>イ　課税売上げにのみ対応するもの</td><td>仕入控除税額
(控除する消費税額)</td></tr>
<tr><td>ハ　イとロの両方に共通するもの
（課税売上割合であん分）</td><td rowspan="2">控除できない消費税額</td></tr>
<tr><td>ロ　非課税売上げにのみ対応するもの</td></tr>
<tr><td colspan="4">次の算式により計算した仕入控除税額を，課税期間中の課税売上げに係る消費税額から控除します。

仕入控除税額 ＝ イの消費税額 ＋ (ハの消費税額×課税売上割合)

なお，税務署長の承認を受けたときは，「課税売上割合」に代えて，「課税売上割合に準ずる割合」により，仕入控除税額を計算することができます。</td></tr>
</table>

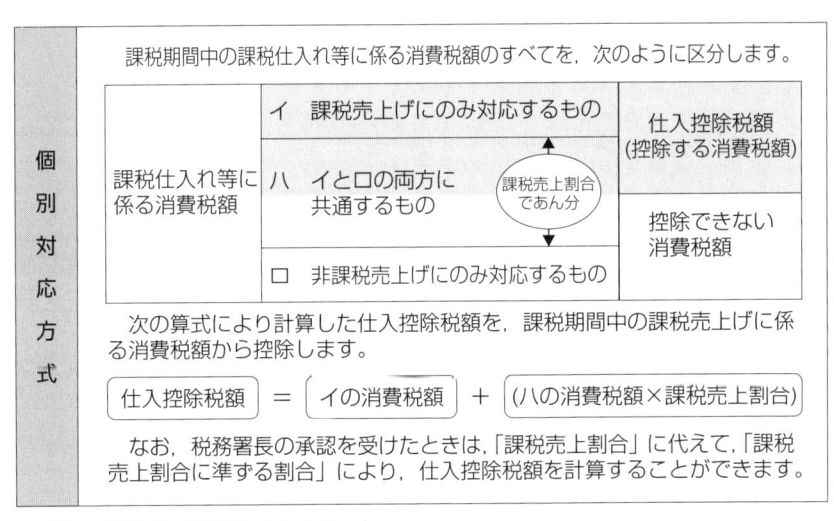

＜出所：国税庁「消費税のあらまし」＞

一括比例配分方式

　一括比例配分方式により控除税額を計算する場合には，課税仕入れに係る消費税額を個別対応方式のように区分しないで，全体の課税仕入れに係る消費税額に課税売上割合を乗じて控除税額を計算します。

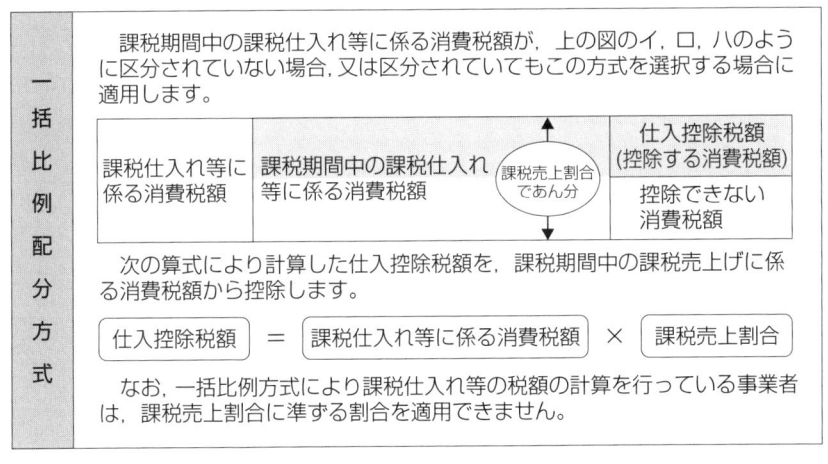

<table>
<tr><td rowspan="4">一括比例配分方式</td><td colspan="3">課税期間中の課税仕入れ等に係る消費税額が，上の図のイ，ロ，ハのように区分されていない場合，又は区分されていてもこの方式を選択する場合に適用します。</td></tr>
<tr><td>課税仕入れ等に係る消費税額</td><td>課税期間中の課税仕入れ等に係る消費税額
（課税売上割合であん分）</td><td>仕入控除税額
(控除する消費税額)

控除できない消費税額</td></tr>
<tr><td colspan="3">次の算式により計算した仕入控除税額を，課税期間中の課税売上げに係る消費税額から控除します。

仕入控除税額 ＝ 課税仕入れ等に係る消費税額 × 課税売上割合

なお，一括比例方式により課税仕入れ等の税額の計算を行っている事業者は，課税売上割合に準ずる割合を適用できません。</td></tr>
</table>

＜出所：国税庁「消費税のあらまし」＞

3 税務編

両方式の選択の決まり

　個別対応方式と一括比例配分方式とでは，控除税額の金額に違いが出るため，どちらを選択するかで有利・不利が生じます。ちなみにどちらの方式を採るかに関しては，税務署へ事前の届出は必要ありません。一般的には，有利な方式を選択することになりますが，一括比例配分方式を選択した場合，2年間継続した後でなければ個別対応方式を適用することができないという期間のしばりがありますので，適用する場合には注意が必要です。

Q27 特定収入とは何ですか？

A 補助金，寄附金などの対価性のない収入を「特定収入」といいます。

特定収入

特定収入とは，資産の譲渡等の対価以外の収入で，次に掲げるもの以外の収入をいいます。

① 借入金及び債券の発行にかかる収入で，法令においてその返済又は償還のため補助金，負担金等の交付を受けることが想定されているもの以外のもの
② 出資金
③ 預金，貯金及び預り金
④ 貸付金回収
⑤ 返還金及び還付金
⑥ 次に掲げる収入
　イ　法令又は交付要綱等において，特定支出*のためにのみ使用することとされている収入
　ロ　国，地方公共団体が合理的な方法により資産の譲渡等の対価以外の収入の使途を明らかにした文書において，特定支出のためにのみ使用することとされている収入

　　＊　特定支出：次の①～③以外の支出
　　　　　① 課税仕入れの支払いのための支出
　　　　　② 課税貨物の引取りのための支出
　　　　　③ 借入金返済等のための支出

具体的には，以下のような収入が特定収入に該当することになります。

① 租　税
② 補助金
③ 交付金
④ 寄附金
⑤ 出資にかかる配当金
⑥ 保険金
⑦ 損害賠償金
⑧ 資産の譲渡等の対価に該当しない負担金，他会計からの繰入金，会費等，喜捨金等

Q28
特定収入がある場合の消費税額の計算はどのように行うのですか?

A 特定収入割合が5％を超えるときは，仕入控除税額の調整を行う必要があります。

特定収入に係る課税仕入れ等の消費税額の計算

簡易課税制度を適用せず，一般課税方式により仕入控除税額を算出する場合で，特定収入割合[1]が5％を超えるときには，特定収入に係る課税仕入れ等の消費税額は仕入控除税額の対象になりません。したがって，この場合には，調整前の仕入控除税額から特定収入に係る課税仕入れ等の消費税額を控除した後の金額を仕入控除税額とします。

[1] 特定収入割合

$$\frac{特定収入の合計額}{税抜課税売上高＋免税売上高＋非課税売上高＋特定収入の合計額}$$

課税売上高5億円以下かつ課税期間の課税売上割合が95％以上である場合

次の①及び②の合計額が，特定収入に係る課税仕入れ等の消費税額になります。

① 課税仕入れ等に係る特定収入の額の108分の6.3相当額
② (調整前仕入控除税額[2] − ①の金額) × 調整割合[3]

[2] 調整前仕入控除税額とは，通常の計算方法により計算した仕入控除税額のことをいいます。

[3] 調整割合とは，次の算式により計算した割合をいいます。

$$調整割合 = \frac{課税仕入れ等に係る特定収入以外の特定収入の合計額}{資産の譲渡等の対価の額の合計額 ＋ 課税仕入れ等に係る特定収入以外の特定収入の合計額}$$

3 税務編

課税売上高5億円超又は課税期間の課税売上割合が95％未満である場合

① 仕入控除税額を個別対応方式により計算する場合

　次の①～③までの合計額が，特定収入に係る課税仕入れ等の税額となります。

> ① 特定収入のうち法令等において課税資産の譲渡等にのみ要する課税仕入れ等のためにのみ使用することとされている部分の額$\times \dfrac{6.3}{108}$
> ② 特定収入のうち法令等において課税資産の譲渡等とその他資産の譲渡等に共通して要する課税仕入れ等のためにのみ使用することとされている部分の合計額$\times \dfrac{6.3}{108} \times$課税売上割合（課税売上割合に準ずる割合を含みます）
> ③ （調整前の仕入控除税額－①の金額－②の金額）×調整割合

② 仕入控除税額を一括比例配分方式により計算する場合

　次の①及び②の金額の合計額が，特定収入に係る課税仕入れ等の税額となります。

> ① 課税仕入れ等に係る特定収入の合計額×108分の6.3×課税売上割合
> ② （調整前の仕入控除税額－①の金額）×調整割合

3 税務編

■公益法人等の仕入控除税額の調整計算の要否判定

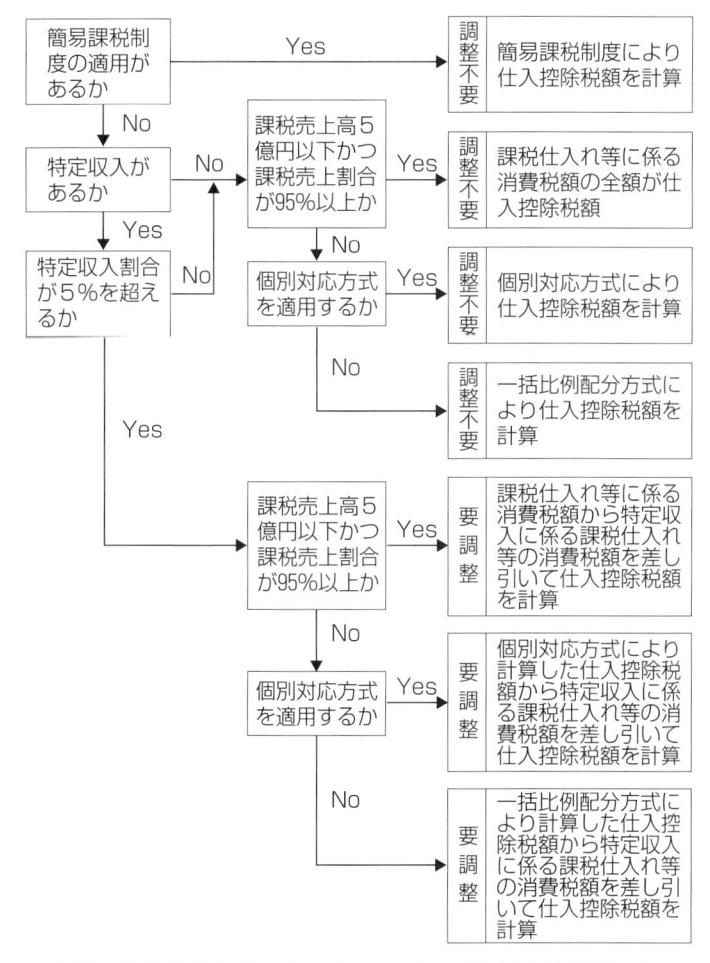

```
[簡易課税制度の適用があるか]
  ├─ Yes →【調整不要】簡易課税制度により仕入控除税額を計算
  └─ No ↓
[特定収入があるか]
  ├─ No →[課税売上高5億円以下かつ課税売上割合が95％以上か]
  │         ├─ Yes →【調整不要】課税仕入れ等に係る消費税額の全額が仕入控除税額
  │         └─ No →[個別対応方式を適用するか]
  │                   ├─ Yes →【調整不要】個別対応方式により仕入控除税額を計算
  │                   └─ No →【調整不要】一括比例配分方式により仕入控除税額を計算
  └─ Yes ↓
[特定収入割合が5％を超えるか]
  ├─ No → (上の調整不要フローへ)
  └─ Yes ↓
[課税売上高5億円以下かつ課税売上割合が95％以上か]
  ├─ Yes →【要調整】課税仕入れ等に係る消費税額から特定収入に係る課税仕入れ等の消費税額を差し引いて仕入控除税額を計算
  └─ No →[個別対応方式を適用するか]
            ├─ Yes →【要調整】個別対応方式により計算した仕入控除税額から特定収入に係る課税仕入れ等の消費税額を差し引いて仕入控除税額を計算
            └─ No →【要調整】一括比例配分方式により計算した仕入控除税額から特定収入に係る課税仕入れ等の消費税額を差し引いて仕入控除税額を計算
```

＜出所：国税庁「国，地方公共団体や公共・公益法人等と消費税」＞

3 税務編

Q29 特定収入に該当しない寄附金とするための確認申請はどのように行うのですか?

A 公益社団・財団法人が,平成26年4月1日以後に募集する寄附金のうち,当該寄附金の募集要項等(行政庁の確認を受けたものに限る)においてその金額の使途が課税仕入れ等以外に限定されているものについては,消費税の特定収入から除外されることになりました。

特定収入に該当しない寄附金

公益社団・財団法人が募集する寄附金のうち,募集要項等(行政庁の確認を受けたものに限る)においてその金額の使途が課税仕入れ等以外に限定されているものについては特定収入から除外されることになりました。

ただし,平成26年4月1日以後に募集される寄附金についての適用となります。当該寄附金を特定収入から除外して仕入控除税額計算を行う結果,仕入控除税額は従前よりも増額し,公益法人にとっては有利な変更となります。

行政庁の確認の対象となる寄附金の要件

行政庁の確認を受けるためには,以下の要件を満たす必要があります。

(1) **寄附金の募集主体が公益法人であること**

行政庁への確認申請を行う時点において,公益社団法人及び公益財団法人の認定等に関する法律(平成18年法律第49号。以下「認定法」という)第2条第3号に規定する公益法人であることが必要です。

(2) **当該寄附金が,特定の活動に係る特定支出のためにのみ使用されること**

特定の活動とは,活動内容及び活動時期が具体的であることを意味します。なお,募集する寄附金は全額特定の活動に充てられる必要がありますが,

公益目的事業のみに使用することは要件に入っていません。ただし，寄附金の一部であっても募集経費や管理費に充当される場合は，要件を満たさないことになります。

(3) **寄附金が期間を指定して募集されること**

寄附金の募集対象期間が限定されている必要があります。

(4) **寄附金が他の資金と明確に区分して管理されること**

当該寄附金が他の資金と明確に区分され，管理される必要があります。

具体的には，当該寄附金の専用口座において，会計上は指定正味財産として計上され，特定資産として管理される必要があります。

(5) **寄附金を受け入れる前に行政庁の確認を受けること**

当該寄附金を受け入れる前に，要件について行政庁の確認を受ける必要があります。

行政庁への確認申請及び実施報告の方法

行政庁への確認申請は，募集要項等及び専用口座の通帳等の写しを添付し，電子申請にて行うことができます。

当該要項等に基づき募集される寄附金である限りは，複数年度にまたがり募集される場合であっても毎年度確認申請を行う必要はありません。

確認を受けた後は，募集要項等で定めた事業を実施した事業年度終了後，速やかに行政庁に対し，実施報告書を提出します。複数年度にわたって事業を実施する場合には，各事業年度で報告を行います。専用口座の通帳等の全頁の写し及び支出先の領収書を添付する必要があります。支出先の領収書は７年間の保存義務があります。

税務署への提出

行政庁の確認を受けた募集要項等に基づき募集された寄附金については，特定収入に含めずに消費税等の納税額の計算を行います。申告書には，行政庁から交付された確認書の写しを添付します。

3 税務編

Q30 簡易課税方式とは何ですか？

A 簡易課税とは，基準期間の課税売上高が5,000万円以下の課税事業者が選択適用できる，簡便な消費税計算方式です。

簡易課税方式とは

簡易課税方式とは，課税売上高から納付する消費税額を計算する制度です。

具体的には，課税期間における課税標準額に対する消費税額に，みなし仕入率をかけて計算した金額が仕入控除税額となります。この仕入控除税額を課税標準額に対する消費税額から差し引いて，納付すべき消費税額を求めます。

したがって，実際の課税仕入れ等にかかる消費税額を計算する必要はなく，課税売上高のみから納付する消費税額を算出することができます。

簡易課税制度適用のための要件

簡易課税制度を利用するには，次の要件のすべてを満たす必要があります。

① その課税期間の基準期間における課税売上高が5,000万円以下であること

② 「消費税簡易課税制度選択届出書」を事前に所轄税務署長に提出していること

簡易課税を適用するメリット

消費税の納税額の計算方法は，課税売上げにかかる消費税額から課税仕入れにかかる消費税額を差し引いて計算する「一般課税方式」が原則ですが，課税売上げそして課税仕入れの両方の消費税額を正しく計算する必要があり，これには相当の事務負担がかかります。

簡易課税方式は，課税売上げに係る消費税額だけを正しく計算すれば，実際の課税仕入れにかかる消費税額がいくらなのかを気にすることなく納税額を簡易に算出することができますので，事務負担を軽減させることができる方式といえます。デメリットはＱＡ31で触れています。

＜事業年度が１年の３月末決算法人の場合＞

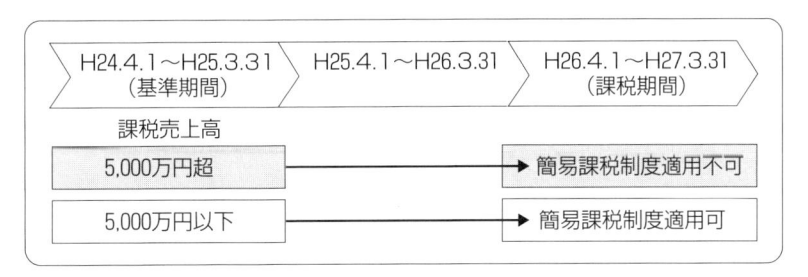

基準期間		課税期間	課税売上高	判定
H24.4.1～H25.3.31	H25.4.1～H26.3.31	H26.4.1～H27.3.31	5,000万円超	→ 簡易課税制度適用不可
			5,000万円以下	→ 簡易課税制度適用可

＜出所：国税庁「消費税のあらまし」＞

Q31
簡易課税方式適用上の注意点は何ですか？

A 簡易課税方式とは，事務負担がかからない簡易な方法ですが，適用に当たってはいくつかの注意事項があります。

還付を受けることができません

簡易課税方式の適用を選択している事業者は，簡易課税方式を適用しないで仕入控除税額を計算すれば還付となる場合でも，還付を受けることができません。

一度選択届出書を提出すると，不適用届出書を出さない限り効力は続きます

簡易課税制度の適用を選択している事業者が免税業者となっている間でも，「簡易課税制度選択届出書」は効力を有しています。したがって，「消費税簡易課税制度選択不適用届出書」を提出している場合を除き，再び課税事業者となった時には，簡易課税制度を適用することになります。

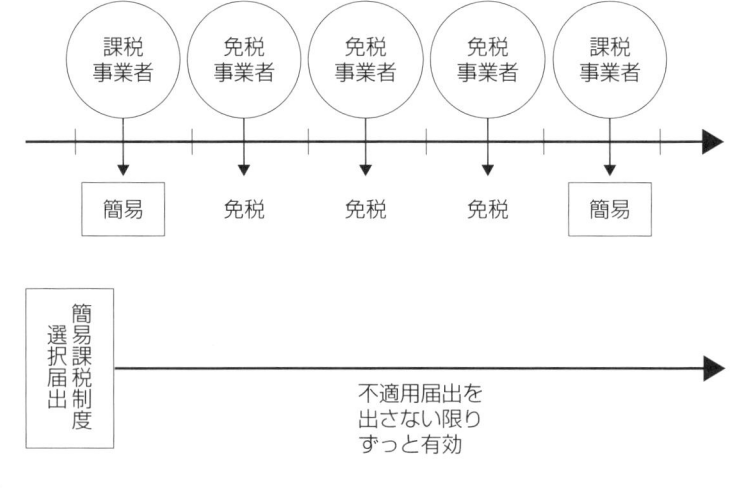

```
  課税      免税      免税      免税      課税
  事業者   事業者   事業者   事業者   事業者

   ↓        ↓        ↓        ↓        ↓
  簡易     免税     免税     免税     簡易


 ┌簡易課税制度┐
 │選択届出    │─────────────────────→
 └────────────┘
              不適用届出を
              出さない限り
              ずっと有効
```

204

基準期間の課税売上高が5,000万円を超えていると適用できません

　基準期間における課税売上高が5,000万円を超える事業者は,「消費税簡易課税制度選択適用届出書」を提出している場合でも,簡易課税制度を適用することができません。したがって,課税仕入れ等にかかる消費税額の控除を受けるためには,課税仕入れ等の事実を記録した帳簿及び課税仕入れ等の事実を証する請求書等の両方の保存が必要となります。それらの帳簿及び請求書等は,確定申告期限の翌日から7年間,納税地等に保存する必要があります。

Q32
簡易課税方式におけるみなし仕入率とは何ですか？

A 簡易課税方式を適用する場合には，仕入控除税額を計算する際に，簡便的に課税標準額に対する消費税にその事業種類ごとに定められた率を乗じて仕入控除税額とします。その事業種類ごとに定められた控除率をみなし仕入率といいます。簡易課税の「みなし仕入率」とは事業の区分に応じ5種類（平成27年4月1日以降開始事業年度からは6種類）定められています。

みなし仕入率

■簡易課税制度の事業区分とみなし仕入率

事業区分	該当する事業	みなし仕入率
第一種事業	卸売業（他の者から購入した商品を，その性質及び形状を変更しないで消費者に販売する事業）	90%
第二種事業	小売業（他の者から購入した商品を，その性質及び形状を変更しないで消費者に販売する事業）	80%
第三種事業	農業，林業，漁業，鉱業，建設業，製造業，電気業，ガス業，熱供給業及び水道業	70%
第四種事業	第一種事業，第二種事業，第三種事業，第五種事業以外の事業（飲食店業，金融・保険業等）* ・事業者が自己で使用していた固定資産を譲渡する場合も該当する。	60%
第五種事業	不動産業*，運輸通信業，サービス業（第一種事業から第三種事業までに該当しないもの）	50%

＜出所：国税庁「消費税のあらまし」＞
＊ 平成27年4月1日以後開始する課税期間から金融業及び保険業は第五種事業（みなし仕入率50％），不動産業は第六種事業（みなし仕入率40％）となります。

Q33
簡易課税制度の事業区分はどのように判断するのですか？

A 簡易課税制度の事業区分は，原則として取引ごとに判定します。

事業区分の判定

事業区分（第一種事業～第五種事業※）のいずれに該当するかは，単純に業種によって判定するのではなく，あくまで事業者が行った取引（課税売上げ）ごとにそれぞれの内容によって判定します。

2種類以上の事業を行っている場合の区分方法

2種類以上の事業を営む事業者が仕入控除税額を計算する場合は，課税売上高をそれぞれの事業ごとに区分する必要があります。

具体的な区分の方法としては，以下の方法が考えられます。

① 帳簿に事業の種類を記帳し，事業の種類ごとに課税売上高を計算する方法
② 納品書，請求書，売上伝票等に，事業の種類又は種類が区分できる資産の譲渡等の内容を記載し，事業の種類ごとの課税売上高を計算する方法
③ 事業場ごとに1種類の事業のみを行っている事業者が，その事業場ごとの課税売上高を基礎として事業の種類ごとの課税売上高を計算する方法

仕入控除税額の計算方法

① 1種類の事業のみを営む事業者

第一種事業から第五種事業※までのうち，1種類の事業のみを営む事業者は，課税期間の課税標準額に対する消費税額に，該当する事業のみなし仕入率を掛けた金額が仕入控除税額となります。

3 税務編

$$\boxed{仕入控除税額} = \boxed{課税標準額に対する消費税額} \times \boxed{みなし仕入率}$$

② 2種類以上の事業を営む事業者

(1) 原則的な方法

それぞれの事業の課税売上げに係る消費税額に，それぞれのみなし仕入率を乗じた金額の合計額が仕入控除税額となります。

■2種類以上の事業を営む場合の原則的な算式

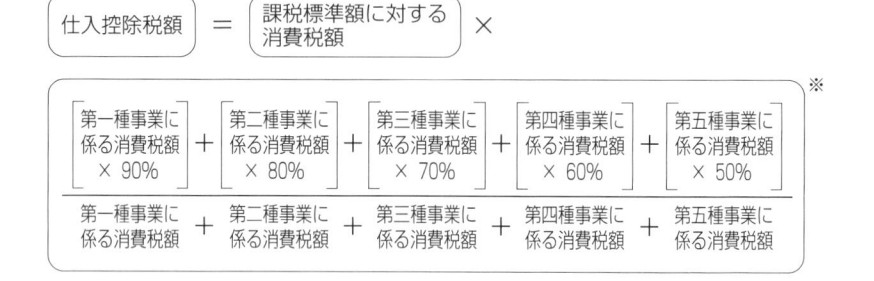

$$仕入控除税額 = 課税標準額に対する消費税額 \times \frac{第一種事業に係る消費税額 \times 90\% + 第二種事業に係る消費税額 \times 80\% + 第三種事業に係る消費税額 \times 70\% + 第四種事業に係る消費税額 \times 60\% + 第五種事業に係る消費税額 \times 50\%}{第一種事業に係る消費税額 + 第二種事業に係る消費税額 + 第三種事業に係る消費税額 + 第四種事業に係る消費税額 + 第五種事業に係る消費税額}※$$

(2) 特別な計算方法

イ　1種類の事業に係る課税売上高が全体の課税売上高の75％以上を占めるケース

その75％以上を占める事業のみなし仕入率を全体の課税売上高に対して適用することができます。

■2種類以上の事業を営む場合の算式（1種類の事業に係る課税売上高が全体の課税売上高の75％以上を占める場合）

$$仕入控除税額 = 課税標準額に対する消費税額 \times 75\%以上を占める事業のみなし仕入率$$

ロ　3種類以上の事業を営む場合，特定の2種類の事業の課税売上高の合計が全体の課税売上高の75％以上を占めるケース

その2つの事業のうち，みなし仕入率の高い方の事業に係る課税売上高については，そのみなし仕入率を適用し，それ以外の課税売上高については，その2種類の事業のうち低い方のみなし仕入率をその事業以外の課税

売上高にも適用することができます。

■3種類以上の事業を営む場合の算式（第一種事業と第二種事業で75%以上の場合と仮定）

$$\text{仕入控除税額} = \text{課税標準額に対する消費税額} \times \frac{\text{第一種事業に係る消費税額} \times 90\% + (\text{課税売上げに係る消費税額} - \text{第一種事業に係る消費税額}) \times 80\%}{\text{課税売上げに係る消費税額}}$$

課税売上高を事業の種類ごとに区分していない場合

　事業区分のうち2種類以上の事業を営む事業者は，課税期間中に行った課税売上げを事業の種類ごとに区分することとされていますが，この区分を行っていない場合には，区分していない2種類以上の事業のうち最も低い事業のみなし仕入率を適用して仕入控除税額を計算します。

例）

　第二種事業，第三種事業，第五種事業を営む事業者が，課税売上げを区分していない場合には，すべての課税売上げについて一番低い第五種事業のみなし仕入率を適用して仕入控除税額を計算することになります。

　※　平成27年4月1日以後開始する課税期間から事業区分が第一種事業から第六種事業までの6区分になります。

3 税務編

Q34
消費税の申告納付制度はどのようになっていますか？

A 確定申告と中間申告の2種類あります。また，公益法人等であっても法人税とは異なり中間申告及び納付を行う必要があります。

確定申告と納税

課税事業者は，納税地を管轄する税務署長に消費税の確定申告書を提出するとともに，その税金を納付しなければなりません。

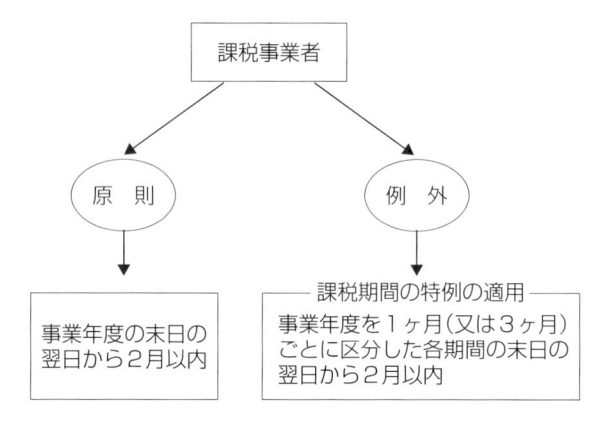

```
                    課税事業者
                   ┌─────┴─────┐
                  原則          例外
                   │            │
                   │    ─── 課税期間の特例の適用 ───
          事業年度の末日の    事業年度を1ヶ月（又は3ヶ月）
          翌日から2月以内    ごとに区分した各期間の末日の
                            翌日から2月以内
```

* **課税期間の特例**

　納付すべき又は還付を受ける消費税額を計算する場合の計算期間を「課税期間」といいます。法人の場合は事業年度と同一となります。

　ただし，特例として「消費税課税期間特例選択・変更届出書」を提出した事業者は，課税期間を3ヶ月又は1ヶ月ごとに区分した期間に短縮することができます。

　したがって，この特例を選択した事業者は原則としてその課税期間ごとに消費税額を計算して申告，納付をすることになります。

■法人の課税期間と基準期間

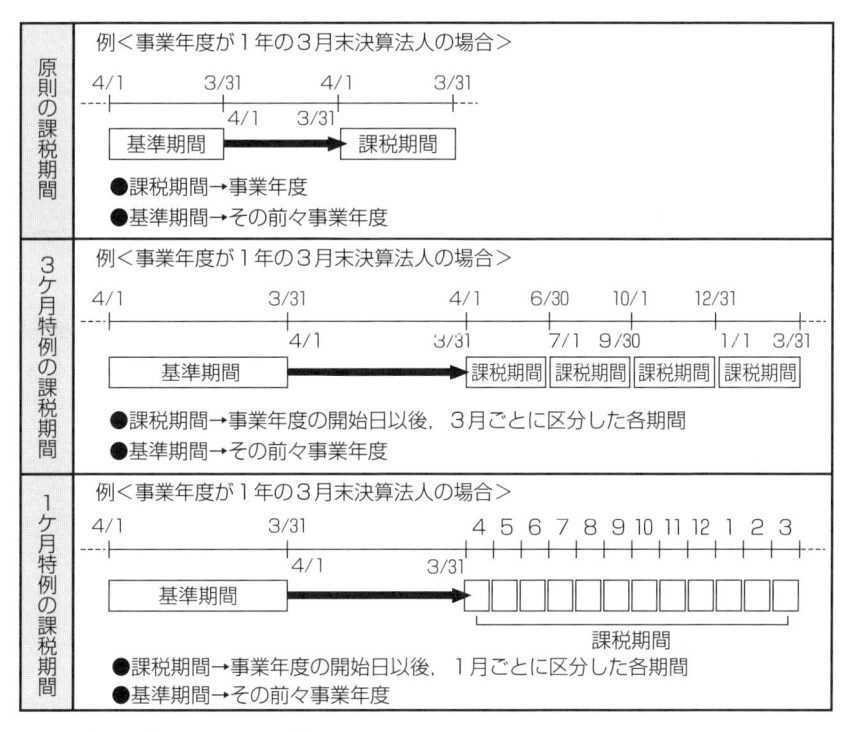

<table>
<tr><td rowspan="2">原則の課税期間</td><td>例＜事業年度が1年の3月末決算法人の場合＞
4/1　　　　3/31　　　4/1　　　　3/31
　　　　　　　　4/1　　　　3/31
　　基準期間　　　　　　　課税期間</td></tr>
<tr><td>●課税期間→事業年度
●基準期間→その前々事業年度</td></tr>
<tr><td rowspan="2">3ケ月特例の課税期間</td><td>例＜事業年度が1年の3月末決算法人の場合＞
4/1　　　　3/31　　　　4/1　　6/30　　10/1　　12/31
　　　　　　　　4/1　　　3/31　　7/1　9/30　　1/1　3/31
　　基準期間　　　　　　　課税期間 課税期間 課税期間 課税期間</td></tr>
<tr><td>●課税期間→事業年度の開始日以後，3月ごとに区分した各期間
●基準期間→その前々事業年度</td></tr>
<tr><td rowspan="2">1ケ月特例の課税期間</td><td>例＜事業年度が1年の3月末決算法人の場合＞
4/1　　　　3/31　　　　　4 5 6 7 8 9 10 11 12 1 2 3
　　　　　　　　4/1　　　3/31
　　基準期間　　　　　　　　　　　課税期間</td></tr>
<tr><td>●課税期間→事業年度の開始日以後，1月ごとに区分した各期間
●基準期間→その前々事業年度</td></tr>
</table>

＜出所：国税庁「消費税のあらまし」＞

中間申告と納税

　直前の課税期間の消費税の年税額により，所轄の税務署長に消費税の中間申告書を提出し，その税金を納付しなければなりません。中間申告の納付回数は，次のとおりです。

3 税務編

直前の課税期間の確定消費税の額	48万円以下	48万円超 400万円以下	400万円超 4,800万円以下	4,800万円超
中間申告の回数	不要	年1回	年3回	年11回
中間申告納付額	不要	直前の確定消費税の額の2分の1	直前の確定消費税の額の4分の1	直前の確定消費税の額の12分の1

＊ 直前の課税期間の確定消費税額には，地方消費税額は含みません。
＊ 中間申告については，仮決算に基づいて行うこともできます。

Q35
源泉徴収制度とは何ですか？

申告納税制度を前提とし，特定の所得については，その所得の支払いの際に支払者が所得税及び復興特別所得税（以下「所得税等」という）を源泉徴収して納付する源泉徴収制度が採用されています。

源泉徴収義務者

源泉徴収制度においては，所得税等を源泉徴収して国に納付する義務のある者を「源泉徴収義務者」といいます。源泉徴収の対象とされている所得の支払者は，それが会社や協同組合である場合はもちろん，学校，官公庁であっても，また，個人や人格のない社団・財団であっても，すべて源泉徴収義務者となります。

ただし，常時2人以下の家事使用人のみに対して給与の支払いをする個人が支払う給与や退職手当，弁護士報酬などの報酬・料金等については，所得税等の源泉徴収を要しないとされています。

源泉徴収の対象となる所得の例

支払を受ける者	源泉徴収の対象とされている所得の種類と範囲	
居住者 (国内に住所を有する個人又は現在まで引き続いて1年以上居所を有する個人をいいます。)	1 利子等	①公社債及び預貯金の利子，②合同運用信託，公社債投資信託及び公募公社債等運用投資信託の収益の分配，③勤労者財産形成貯蓄保険契約等に基づく差益
	2 配当等	①法人から受ける剰余金の配当，利益の配当，剰余金の分配，②基金利息，③投資信託の収益の分配（利子等に該当するものを除きます）及び特定受益証券発行信託の収益の分配など
	3 給与等	俸給，給料，賃金，歳費，賞与その他これらの性質を有するもの

3 税務編

	4 退職手当等	①退職手当，一時恩給その他これらの性質を有するもの，②社会保険制度等に基づく一時金など
	5 公的年金等	①国民年金法，厚生年金保険法等に基づく年金，②恩給（一時恩給を除きます）及び過去の勤務に基づき使用者であった者から支給される年金，③確定給付企業年金法の規定に基づいて支給を受ける年金など
	6 報酬，料金等	次に掲げる報酬・料金，契約金，賞金等 ① 原稿料，デザイン料，講演料，放送謝金，工業所有権の使用料，技芸・スポーツ・知識等の教授・指導料など ② 弁護士，公認会計士，税理士等の報酬・料金 ③ 社会保険診療報酬支払基金から支払われる診療報酬 ④ 外交員，集金人，電力量計の検針人，プロ野球の選手，プロサッカーの選手等の報酬・料金 ⑤ 芸能，ラジオ放送及びテレビジョン放送の出演，演出等の報酬・料金並びに芸能人の役務提供事業を行う者が支払を受けるその役務の提供に関する報酬・料金 ⑥ バー・キャバレー等のホステス，バンケットホステス・コンパニオン等の報酬・料金 ⑦ 使用人を雇用するための支度金等の契約金 ⑧ 事業の広告宣伝のための賞金及び馬主が受ける競馬の賞金
	7	生命保険契約・損害保険契約等に基づく年金
	8	定期積金の給付補てん金等
	9	匿名組合契約等に基づく利益の分配
	10	特定口座内保管上場株式等の譲渡による所得等
	11	懸賞金付預貯金等の懸賞金等
	12	割引債の償還差益
内国法人（国内に本店又は主たる事務所を有する法人をいいます。）	1	利子等（居住者の場合の①及び②に同じ）
	2	配当等（居住者の場合の範囲に同じ）
	3	定期積金の給付補てん金等
	4	匿名組合契約等に基づく利益の分配
	5	馬主が受ける競馬の賞金
	6	懸賞金付預貯金等の懸賞金等
	7	割引債の償還差益

＜出所：国税庁「タックスアンサー」＞

納付期限

　源泉徴収義務者が源泉徴収をした所得税等は，源泉徴収の対象となる所得を支払った月の翌月10日までに原則納付しなければならないことになっています。

納期の特例

　給与の支給人員が常時10人未満である源泉徴収義務者については，納付手続きを簡単にするために，給与や退職手当，税理士等の報酬・料金について源泉徴収をした所得税等を次のように年2回にまとめて納付する，納期の特例の制度が設けられています。

　この納期の特例の適用を受けるためには，所轄税務署長に「源泉所得税の納期の特例の承認に関する申請書」を提出して承認を受けることが必要です。この承認申請書を提出した日の属する月の翌月末日までに税務署長から承認又は却下の通知がない場合には，その申請月の翌月末日において承認があったものとみなされ，申請月の翌々月の納付分からこの特例が適用されます。

源泉所得税の区分	納 付 期 限
1月から6月までに支払った所得から源泉徴収をした所得税等	7月10日
7月から12月までに支払った所得から源泉徴収をした所得税等	翌年1月20日

　なお，配当等や士業以外の報酬，料金については納期の特例は適用されませんので，翌月10日が納期限となります。

3 税務編

Q36 印紙税について教えてください

A 印紙税は契約書や受取書等の文書に課税される税金であり、20種類の文書が課税対象となっています。公益法人においては、そのうち第6号文書の定款及び第7号文書の金銭の受取書が非課税となります。

印紙税とは

印紙税とは、日常の経済取引に伴って作成する契約書や金銭の受取書（領収書）等の文書に対して課税される税金であり、以下の20種類の文書がその対象となっています。

第1号文書	不動産等の譲渡，地上権又は土地の賃借権の設定又は譲渡，消費貸借，運送に関する契約書
第2号文書	請負に関する契約書
第3号文書	約束手形又は為替手形
第4号文書	株券，出資証券若しくは社債券又は投資信託，貸付信託，特定目的信託若しくは受益証券発行信託の受益証券
第5号文書	合併契約書又は吸収分割契約書若しくは新設分割計画書
第6号文書	定款
第7号文書	継続的取引の基本となる契約書
第8号文書	預貯金証書
第9号文書	貨物引換証，倉庫証券又は船荷証券
第10号文書	保険証券
第11号文書	信用状
第12号文書	信託行為に関する契約書
第13号文書	債務の保証に関する契約書
第14号文書	金銭又は有価証券の寄託に関する契約書
第15号文書	債権譲渡又は債務引受けに関する契約書
第16号文書	配当金領収書又は配当金振込通知書
第17号文書	金銭又は有価証券の受取書
第18号文書	預貯金通帳，信託行為に関する通帳，銀行若しくは無尽会社の作成する掛金通帳，生命保険会社の作成する保険料通帳又は生命共済の掛金通帳
第19号文書	第1号，第2号，第14号又は第17号文書により証されるべき事項を付け込んで証明する目的をもって作成する通帳
第20号文書	判取帳

3 税務編

公益法人の扱い

　第6号文書である「定款」は，株式会社，合名会社，合資会社，合同会社又は相互会社の設立の時に作成する定款原本が課税対象となり，それ以外の法人，すなわち一般社団・財団法人の設立の際に作成する定款は課税の対象にはなりません。

　第17号文書である「金銭又は有価証券の受取書」は，その受領事実を証明するために作成し，支払者に交付する証拠証書をいいます。例えば，「受取書」，「領収証」，「レシート」，「預り書」が該当します。なお，営業に関しない金銭又は有価証券の受取書は，非課税となっており，ここでいう営業とは，おおむね営利を目的として同種の行為を反復継続して行うことをいいます。したがって，株式会社などの営利法人や個人である商人の行為は営業になりますが，公益法人や商人以外の個人の行為は営業には当たらないため，課税対象にはなりません。

参考資料

「公益法人の会計に関する諸問題の検討状況について」公益認定等委員会
　公益法人の会計に関する研究会
「移行後の法人の業務運営と監督について」内閣府
「公益法人の各機関の役割と責任（理事・理事会，監事，会計監査人，評議員・評議員会，社員・社員総会）」内閣府
「事例から学ぶ財産管理～ある日，あっ！と驚かないために～」内閣府　公益認定等委員会

参考資料

公益法人の会計に関する諸課題の検討状況について

公益認定等委員会
公益法人の会計に関する研究会

2015 年 3 月 26 日

参考資料

公益法人の会計に関する諸課題の検討状況について

平成 27 年 3 月 26 日

公益認定等委員会
公益法人の会計に関する研究会

1. はじめに

　新公益法人制度への移行期間の終了も間近となった平成 25 年 7 月、公益認定等委員会は、公益法人の会計に関する実務上の課題、公益法人を取り巻く新たな環境変化に伴う会計事象等に的確に対応するため、公益法人の会計の諸課題の検討を行うこととした。具体的には、同委員会の下で、公益法人の会計に関する研究会(以下「研究会」という。)を開催し、専門的な観点から具体的な検討を行うこととなり、これを受けて研究会は、同年 8 月の初会合以来、公益法人や関係者からの意見聴取等を行いつつ、途中経過として、平成 26 年 4 月に「中間とりまとめ」を公表し、説明会や意見交換を実施の上、これまで議論を進めてきた。

　公益法人は、変動する社会経済情勢の下で継続的に活動を続けている。公益法人の会計基準も公益法人の社会的使命と組織基盤の実態も考慮して反映をしていかなければならない。このため、「公益法人の会計に関する諸課題を継続的に検討する」ために設けられた研究会にも、特に設置期限は設けられていない(参考資料)。今回の取組は、平成 20 年 12 月の新公益法人制度の施行以来約 5 年ぶりに初めて、新制度の下での会計上の課題を洗い出して検討を行うものであり、ある程度まとまった作業であったため、報告書の取りまとめに本年 1 月まで、議論を要することとなった。

2. 新公益法人制度における会計基準と検討の対象

　公益法人は、会費や寄附金及び補助金を受け入れ、税制優遇を受けて公益目的に資する事業を実施する社会的な存在である。このため、法人としてしっかりとした経理処理、財産管理を行うとともに、その活動について財務諸表を通じて明らかにすることが、多様な利害関係者に、ひいては国民に対して説明責任を果たす上で極めて重要である。

　公益法人の会計処理を適正に行い、法人の財務状況を正確に表すため、公益法人会計基準が定められている。平成 20 年 12 月には新公益法人制度が施行

され、独立した合議制の機関（国の場合は、内閣府公益認定等委員会）の関与の下で、内閣総理大臣又は各都道府県知事が、法定された基準に従い公益法人の認定及び監督を行うことになった。この新たな制度を踏まえ、会計基準についても、内閣府公益認定等委員会により「平成20年公益法人会計基準」（平成20年4月11日（平成21年10月16日改正）。以下「平成20年会計基準」という。）が設定された。

内閣府が平成25年7月に内閣府所管の公益法人・移行法人に対して行った「公益法人会計基準適用についてのアンケート」においては、約94％パーセントの法人が平成20年会計基準を適用しており、平成20年会計基準が定着しつつある状況が伺われる。

一方で、同アンケートでは、平成20年会計基準を適用している法人のうち約20％が、平成20年会計基準について、現場で実際に適用する観点から改善点を挙げており、同基準をより使いやすくしてほしいという要望が見受けられる（資料1）。

また、公益法人の中間支援団体の一つである（公財）公益法人協会が平成25年6月から7月に実施したアンケートでは、約31％の法人が平成20年会計基準に「不都合を感じている」という結果になっており、同協会では「計算書類を作成する公益法人及びこれを閲覧する一般国民にとっては理解が容易ではない」としている（資料2）。

加えて、会計監査の実施に責任を有する公認会計士の団体である日本公認会計士協会から公益認定等委員会に提出された「公益法人会計検討のための体制の整備について（要望）」（平成25年7月12日。以下「日本公認会計士協会要望書」という。）においても、平成20年会計基準には企業会計基準との関係性について「実務上の混乱」が生じている点があり、これに「対処すべく早急に検討する必要がある」とされている（資料3）。

このように、現在の公益法人会計の在り方については、各方面から課題が指摘されている。研究会においては、平成25年11月末をもって新公益法人制度への5年間の移行期間が終了し、民法に基づき設立された旧公益法人（特例民法法人）が基本的になくなり、新公益法人制度が新たな段階に入ることを踏まえ、法人にとってより利用しやすく、かつ適切な会計制度の在り方について議論を行うこととした。議論に当たっては、新公益法人制度を踏まえて設定された平成20年会計基準及び同運用指針[1]を前提とし、また、小規模法人が多いという公益法人の実務上の制約にも配慮した。

---

[1]「公益法人会計基準」の運用指針（平成20年4月11日（平成21年10月16日改正）内閣府公益認定等委員会）

参考資料

3．課題の抽出

　研究会はまず、上記の内閣府アンケートを参照するとともに、（公財）公益法人協会及び日本公認会計士協会（両協会は、内閣府及び公益認定等委員会に関連の要望等を提出した）から意見を聴取し、検討課題及びその優先順位を議論[2]し、その結果を公益認定等委員会に報告した（資料4）。その際、特に法人からの要望が高く、可能な限り早急な対応が求められる小規模法人の負担軽減策について、優先的に整理・検討を行うこととした。

　検討に際しては、明治29年（1896年）の民法施行以来110年ぶりの大改革である新公益法人制度が施行されてまだ5年であり[3]、まずは制度の定着を図ることが重要であることを踏まえ、制度の運用改善を中心に据えることとした[4]。

4．課題の整理・検討状況

　今回の検討においては、事業規模が小さい公益法人の負担の軽減ということが一つの焦点となった。

　小規模法人の負担軽減策については、公益法人はその事業規模にかかわらず税制優遇を受ける責任ある社会的存在であるという観点と、事業規模も小さく事務処理の体制も脆弱な法人にどこまでの対応を求めるのかという観点の両面から検討を行った。また、改善策を具体化するに当たっては、事業規模の小さい法人の範囲をどのように設定するかについても合わせて検討を行った。研究会においては、法人からのアンケートの提出、ヒアリング、中間とりまとめの公表及び説明会を行い、公益法人を取り巻く利害関係者から広く意見を募集しつつ検討を行ってきた。

　研究会での検討の結果は、以下のⅠからⅦに結論を記している。なお、結論の中には、引き続き、長期的に検討が必要な項目もある。

　公益法人の会計の在り方についても、寄附者を始めとする国民にとって分かりやすく、また法人にとってもより利用しやすいものとしていく必要がある。研究会は、このような観点に立って、新公益法人制度の普及促進を図るべく、引き続き会計に関する課題の整理と対応策の検討を次年度以降も行っていく予定である。

---

[2] その際には、公益認定等委員会の常勤委員も出席し、意見を表明した。
[3] 5年の移行期間の満了は平成25年11月末であり、当研究会の発足（平成25年8月）は、その満了前であった。
[4] ただし、法令・制度とはいえ運営の細目を定めているような場合もあり、また、当研究会が内閣府の下で検討を行うことを考え、公益認定等委員会又は内閣府が制定改廃の権限ないし責任を有している範囲、すなわち内閣府令レベル以下については、必要に応じて検討の視野に入れることとした。

目次

I 小規模法人の負担軽減策……………………………………………………… 6

II 公益法人会計基準の適用の在り方…………………………………………… 7
 1．会計基準の設定主体の在り方
 2．法人類型ごとの適用する会計基準の明確化
 3．公益法人会計基準に明示されていない新たな会計事象への対応
 4．制度と会計基準の分離

III 正味財産増減計算書内訳表における法人会計区分の義務付けの緩和… 11

IV 財務諸表上の様式・勘定科目の改善………………………………………… 12
 1．貸借対照表内訳表
 2．正味財産増減計算書内訳表

V 財務三基準の解釈・適用……………………………………………………… 13
 1．収支相償の剰余金解消計画の1年延長
 2．剰余金の解消理由
 （1）公益目的保有財産としての金融資産の取得
 （2）特定費用準備資金の積立
 （3）過去の赤字補てん
 （4）公益目的保有財産を取り崩した場合の充当
 3．収支相償・遊休財産規制と指定正味財産の考え方
  ① 指定正味財産の考え方
  ② 問題点
  ③ 使途の制約
  ④ 指定正味財産から一般正味財産への振替
  ⑤ 指定正味財産に関する平成20年会計基準と実務指針の関係

VI 定期提出書類……………………………………………………………………… 21
 1．別表Hと財務諸表の関係
 2．別表C（2）控除対象財産と財務諸表の関係
 3．実施事業資産と財務諸表の関係

参考資料

 Ⅶ 財務三基準以外……………………………………………………………… 24
  1．有価証券の評価方法等の考え方と表示方法
  2．事業費・管理費科目の考え方と表示方法
  3．他会計振替の考え方
  4．財産目録の使用目的等欄の表示の必要性
  5．資金収支の情報の記載

参考資料

Ⅰ 小規模法人の負担軽減策

　事業規模の小さい法人（以下「小規模法人」という。）の負担軽減策について検討課題としており、研究会では、軽減策を具体的に検討することと併せて、小規模法人の対象範囲について議論した。検討の当初においては、小規模法人に限定する負担軽減策として検討を始めたが、以下のⅰ及びⅱの理由により、小規模法人を定義することは難しいとの結論を得た。

ⅰ　経常収益、経常費用、総資産、寄附金・補助金の受領の有無、職員数等の定量的条件に加え、法人の自己規律の取組を重視する等の定性的な条件が検討されたが、それぞれについて一定の合理性があるものの、いずれも決定的な根拠に欠けるため、線引きすることは難しいこと。

ⅱ　線引きの際に、中位の公益財団法人が、中位の公益社団法人より10倍超の総資産を有するという実態をどのように勘案するかを明確に定めることが難しいこと。

　重要性の原則の適用及び事業費・管理費の配賦方法については、中間とりまとめにおいて小規模法人の負担軽減策を検討すると記載しており、引き続き検討した。具体的には、満期保有目的の債券に対する評価についての負担軽減策として償却原価法を適用しなくてもよいかについて検討したが、適用を弾力化する対象を定めることが難しいという結論になった。なお、償却原価法の適用については、従来どおり、平成20年会計基準注解（注１）重要性の原則の適用について（２）に該当する場合には、適用しないことができる。また、申請時に用いた事業費・管理費の配賦基準を継続的に使用することにより簡便化することができるかについて検討したが、使用する配賦割合の見直しのタイミングや要件が分かりにくいため、かえって負担になるという結論になった。このような結論に加え、たとえ小規模法人であっても、同じ公益法人として認定基準を満たし、社会的な位置づけを得ていることから、その活動への期待は、規模の大小にかかわらず同じであり、公益法人として原則的な処理が必要であるとの結論になった。

　なお、正味財産増減計算書内訳表における法人会計区分の義務付けの緩和及び収支相償の剰余金解消計画の１年延長については、小規模法人の負担軽減策として検討するという意見もあったが、小規模法人に限ることなく公益法人全体について弾力化をする項目として、Ⅲ及びⅣにおいて検討した。

【規模にかかわらず、原則的な処理が必要である項目】
　・重要性の原則の適用
　・事業費・管理費の配賦方法の簡便適用
【小規模法人に限ることなく公益法人全体について弾力化をする項目】
　・収支相償の剰余金解消計画の１年延長
　・正味財産増減計算書内訳表における法人会計区分の義務付けの緩和

Ⅱ　公益法人会計基準の適用の在り方

１．会計基準の設定主体の在り方

　公益法人会計基準は、平成16年に改正された会計基準（以下「平成16年会計基準」という。）までは、「法人の業務は主務官庁の監督に属す」（改正前民法第67条）とする制度の下で、主務官庁による監督の一環として主務官庁の申合せにより改正されており、当該会計基準の適用を法人に指導されていた。
　公益法人関連三法成立により、主務官庁制が廃止され、各行政庁のもとに民間有識者により構成される合議制機関が置かれた。公益法人関連三法のうち公益社団法人及び公益財団法人の認定等に関する法律（以下「認定法」という。）では、認定基準の中に財務に係る基準が置かれ、当該基準の判断の元となる数値を算定するため、会計基準が必要となり、内閣官房行政改革推進本部事務局に「新たな公益法人等の会計処理に関する研究会」が設けられ、平成19年3月に報告書が出され、これを基に、内閣府公益認定等委員会で平成20年会計基準が設定された。
　上記のような経過を経て平成20年会計基準が設定されたが、今回の検討課題として、今後の法的条件、国際的な会計基準の変更などの公益法人を巡る環境変化に即応したメンテナンス責任の所在をどう考えるか、また、内閣府に代わる民の設定主体の必要性をどう考えるかについて検討を行った。
　以下①から③の理由から、また、現段階において、民間第三者の設定主体は成立していないと考えられることを踏まえると、公益認定等委員会の下に置かれている研究会において今後、非営利組織全体の会計基準の枠組みの構築がどのようになされていくかを見つつ、引き続き検討することが妥当であるとの結論を得た。また、その際には、本研究会が会計基準の設定に携わることになることも考えられるが、会議体の位置づけ、メンバー等は、基準設定の観点から改めて検討の上、設定することが必要である。

① 行政庁が設定の主体ではなく、内閣府の下に置かれた民間有識者により構成される合議体が主体である。
② 民間の設定主体が設定することについて、法令等の規定との関連がある会計基準を民間だけで作成することは、技術面も含め合理的とは言えない。
③ 現在、検討が進んでいる非営利法人全体に係る財務会計の概念フレームワークの構築の議論もあり、公益法人もその一角をなすため、非営利法人会計全体における設定主体を考えるべきとの有力な議論もある。

２．法人類型ごとの適用する会計基準の明確化

　公益法人、移行法人、公益目的支出計画を完了した一般法人、公益認定申請を予定している一般法人、公益認定申請を予定していない一般法人といくつか法人類型が考えられる。いずれも、非営利法人（利潤の獲得と分配を目的としない）であることから、適用する会計基準について、以下のような基本的な考え方に従い、個々の法人が適用する会計基準を選択することが可能ではないかとの結論を得た。
　一般社団法人及び一般財団法人に関する法律（以下「法人法」という。）第119条及び第199条により、一般法人の会計は、その行う事業に応じて、「一般に公正妥当と認められる会計の慣行に従うものとする」とされている。
　会計の慣行は、特定の法人により「公正妥当」と主張されるだけでなく、明文化されるなど、広く受け入れられていると客観的に判断できる必要があり、そのような会計の慣行として、公益法人会計基準、企業会計基準など各種の「会計基準」とそれぞれの下の慣行がある。
　その際、一般法人は、非営利法人であることを踏まえ、通常は、公益法人会計基準を企業会計基準より優先して適用することになるものと考えられる。
　なお、移行法人が適用する会計基準については、平成20年会計基準が、運用上、法令等により必要とされている提出書類の作成の際に便利であると考えられる。
　また、公益目的支出計画の完了後の一般法人は、行政庁に対する説明責任等はなくなるが、一定期間適用し続けていたことを踏まえ、引き続き適用することについて合理性があると考えられる。
　平成20年会計基準は、新公益法人制度に合わせて設定されたものであり、改正前民法第34条の社団法人・財団法人のために改正された平成16年会計基準とは、異なるものと整理されている。しかし、移行期間においては、移行の円滑化を図る観点から、「新たな公益法人制度への移行等に関するよくある質問

参考資料

(FAQ)」（以下「移行ＦＡＱ」という）により平成16年会計基準の適用も、法人の実態に合ったものとして、法令により求められる書類が作成提出されている限り、認めているところであった。両基準の基本的な考え方は同じであることから、法人が適用する会計基準を円滑に切り替えていくことができると考えられ、そのためには、両基準の違いを明らかにすることが必要であると考える。

これについては、公益法人の実務に精通している会計の専門家を構成員とし、これまでも「公益法人会計基準に関する実務指針」等を作成している日本公認会計士協会とも連携し、実務上の観点を踏まえ、何らかの形で、説明をしていただきたい。

加えて、一昨年7月に内閣府所管の公益法人、移行法人に対して、適用している会計基準の調査を実施した際には、94％以上の法人が平成20年会計基準を適用している旨の回答を得ている。また、移行期間が終了した現在において、移行認定・移行認可の審査は、99％終了している状況である。

なお、移行ＦＡＱについては、移行期間が終了したことをもって、その役割を終えたと思われるため、整理することが必要ではないかと考えられる。今後、廃止又は見直しが必要であると考えられる移行ＦＡＱには、例えば以下のものがある。研究会の結論を踏まえ御対応いただきたい。

〇 FAQ6．移行後の公益社団法人・公益財団法人の運営

問6-1-2（公益目的事業財産）
問6-3-1（移行後の基本財産の扱い）
問6-3-2（定款における基本財産、不可欠特定財産の定め方）
問6-4-1（会計基準）
問6-4-2（会計基準）
問6-4-3（会計基準）
問6-4-4（会計基準）
問6-4-5（会計基準）
問6-4-6（会計基準））
問6-5-4（作成すべき書類等）

3．公益法人会計基準に明示されていない新たな会計事象への対応

　新たな会計事象が発生した場合に、企業会計では既に対応しているものの、公益法人会計基準では明示されていないときに、どのように対応したらよいか示されていない。例えば、企業会計基準では既に導入されている「資産除去債務に関する会計基準」（企業会計基準第18号　平成20年３月31日）や、「会計上の変更及び誤謬の訂正に関する会計基準」（企業会計基準第24号　平成21年12月４日）等について公益法人に適用するか否かにつき、公益法人会計基準では明示されていないものである。

　公益法人会計基準以外の会計基準において、社会の状況を踏まえ、新たな会計事象に対応した新たな会計基準等が設定されることとなる。その結果、会計の整理の仕方が変わったならば、その影響は、公益法人にも及ぶものと思われる。このため、特に社会的な動向を踏まえて改正されている企業会計基準を念頭に、公益法人会計基準への導入が必要か否かを検討することが考えられる。

　平成16年会計基準と平成20年会計基準のどちらを見ても、上記を前提にした改正等が行われているものと考えられる。例えば、平成20年会計基準を制定したときは、当時の会計研究会において、最新の企業会計基準のうち、棚卸資産の会計基準（低価法）、財務諸表の注記（継続事業の前提に関する注記）等については、公益法人にも適用することが妥当であるとの結論を得ており、平成20年会計基準に取り入れる対応をしている。

　その後、公益法人会計基準の改正はあまり行われていないが、平成20年会計基準の設定時以降に改正が行われた個別の企業会計基準は、「退職給付に関する会計基準」（企業会計基準第26号　平成10年６月16日　企業会計審議会　改正平成24年５月17日　企業会計基準委員会）、「金融商品に関する会計基準」（企業会計基準第10号　平成11年１月22日　企業会計審議会　最終改正平成20年３月10日　企業会計基準委員会）など、いくつかある。このため研究会では、これらの改正された企業会計基準に対応する方針、体制につき検討を行った。

　平成16年会計基準の改正時においては、記載のない新たな会計事象については、企業会計基準を参考にするという会計慣行になっていた。その後、企業会計基準の改正は、頻繁に行われており、一方では、非営利法人会計の概念フレームワークの検討も進んできている。

　これらの状況を踏まえ、研究会としては、現在、社会的な環境変化に最も対応している企業会計基準をベースに個々の会計基準を公益法人において適用しない場合のメリットとデメリットは何かを検討の視点として、研究会において、今後も継続して検討していくこととしたい。

　検討の結果、適用することが適当な会計基準については、その具体的な適用方

参考資料

法について、i 研究会が引き続き検討するもの、もしくは、ii 日本公認会計士協会に研究会の結論・方向性を伝えて、具体的な適用方法について検討を依頼するものを分けて導入していくことが適当であるとの結論を得た。

4．制度と会計基準の分離

制度と会計基準の分離可能性について、制度を定めた認定法等の考え方は、会計基準、運用指針、ガイドラインに反映されており、そのうち、会計基準は、財務諸表の作成に関するルールであることから、財務諸表ごとに研究会において検討を行った。

分離可能性を検討した項目として、例えば、貸借対照表内訳表の作成について簡便化が図れないか、また、財産目録における使用目的欄の記載の簡便化は図れないか等について挙げられた。しかし、これらについては、現在のところ、制度との分離を前提として議論をすることは難しいとの結論を得た。このため、研究会では、制度との関連において運用上の負担軽減を図れないかという前提のもとに検討を行うこととなった。

Ⅲ　正味財産増減計算書内訳表における法人会計区分の義務付けの緩和

公益目的事業のみを行う法人については、負担軽減策として、法人会計区分の作成を義務付けないことは可能か、研究会において検討を行った。

法人の運営に必要な経常的経費（管理費）の額の算定に当たっては、法人会計区分を設けずとも、公益目的事業会計区分に管理費として計上することによっても可能である。

収益事業等を実施する法人については、その利益が公益目的事業費に繰入れられることを担保するため、法人会計区分が必要となる。公益法人の実施する収益事業は、公益目的事業を財政的に補完することが一義的な目的であり、認定法第18条及び認定規則第24条に基づき、収益事業等の利益の50％は、公益目的事業を行うために使用しなければならないこととされている。

一方、法人会計は認定法第15条を踏まえ、公益法人の運営に必要な経常的経費（管理費）の額を事業費と区分する役割を担っている。収益事業等を行っている法人について、法人会計を廃止すると、公益目的事業会計に繰り入れた利益が公益法人の運営に必要な経常的経費（管理費）に充てられる可能性がある。このため、認定法第18条の趣旨を損なうこととなり、不適切である（資料5：法人会計区分の作成を義務付けない法人の検討）と考える。

公益目的事業のみを行う法人については、この問題がないため、すべての法人に対して法人会計区分を義務付けることは必ずしも必要ないと考えられる。
　この場合、管理費の財源をどのように考えたらよいか検討を行った。その結果、法人会計区分を作成しない場合は、管理費の財源については、管理費相当額の収益とみなさざるを得ないため、法人会計区分がある場合のような管理費と管理費の財源である収益の差額としての黒字はなくなることに留意する必要がある。
　法人会計区分を作成する場合は、同区分で経理が適正になされていれば、黒字が生じていても、運用上認められることとなる。すなわち、管理費の財源として金融資産を2号財産として合理的な範囲内で保有した結果、その運用状況が良好であったことから黒字が生じる等、経理が認定法等の趣旨に基づき、適正になされた結果として黒字が生じている場合には、運用上認められる。
　したがって、公益目的事業のみを行う法人が、財務状況から法人会計区分を作成する必要がない場合には、同区分の作成に関する業務量を勘案して、同区分の作成を省略できることとする。

Ⅳ　財務諸表上の様式・勘定科目の改善

1．貸借対照表内訳表

　公益認定等ガイドライン上、収益事業等から生じた利益のうち50％を超えて公益目的事業財産に繰り入れる法人は、貸借対照表内訳表において会計を公益目的事業会計、収益事業等会計、法人会計の3つに区分して表示することとなっている。この点に関し、研究会では「内訳表は、認定法第18条及び認定法施行規則第24条に基づく繰入れが行われているか否かを判断する意味があるものであるが、そのために法人にとって事務負担の大きい様式が必要なのか。」という意見があった。
　研究会では、この問題を小規模法人に限らず公益法人一般に関係する問題として捉え検討を行った。貸借対照表内訳表については、「収益事業等の利益が繰り入れられたことを資産の面から裏付けるもので、いわば確認的な資料として作成を求めているものではないか、そうであるならば、収益事業を実施している法人において法人税法上作成が義務付けられる貸借対照表の区分経理表で代替できるのではないか。」との意見がある一方、「複式簿記の考え方からすれば収益事業等の利益の繰入額が正しく算定されているかは、貸借対照表内訳表の金額と合わせて確認すべきではないか。」との意見があった。

参考資料

貸借対照表内訳表については、公益法人は今後も継続して国民に対して説明責任を果たすために、作成することはやむを得ないと考えられる。したがって、研究会としては現状どおりとするという結論になった。

2．正味財産増減計算書内訳表

正味財産増減計算書内訳表の正味財産残高の表示方法について、会計区分ごと、あるいは事業区分ごとに正味財産残高を配賦している場合もあれば、配賦していない場合もある。このように実務上の取扱いが定まっていないため、運用上平易にできるか研究会において検討を行った。

認定法における財務三基準の適合性を判断する上で、事業区分ごとの正味財産残高が必要かという点において、特に事業区分ごとの正味財産残高が明示されなくとも問題はないと考えられるため、運用上、貸借対照表の単位ごと（貸借対照表内訳表を作成している場合には、会計区分単位ごと）に期首及び期末の正味財産残高を記載すれば足りるという結論となった。

V　財務三基準の解釈・適用

1．収支相償の剰余金解消計画の1年延長

一般に公益目的事業は、事業年度を単位として実施されるものであることから、費用と収入のバランスを示す、認定法第14条に規定される「適正な費用を償う額を超える収入を得てはならない」という収支相償の判断も、事業年度単位で行うことが原則となる。しかしながら、法人側からは、「単年度では偶発的事象により収支相償を満たせない場合があり、複数年度の実績で判定する必要がある」といった意見もあり、検討を行った。

研究会の検討では、まず、仮に複数年度を対象に適合性を判断するとした場合には、途中年度で剰余金が発生しても、最終年度が終わるまで様子を見ることになるが、他方では、当該複数年度の終了までに確実に収支相償するようにする[5]ためには、途中段階で対応策の検討等を求めないのは適切とはいえないのではないか、との指摘があった。一方、現在は、剰余金が発生した年度の翌年度にその対応策の検討を求めているが、事業の拡大等の計画を立案するためには必要な予算の確保等のため一定の期間を要することから、困難な場合もあ

---

[5] 複数年度においてもなお収支相償を満たさない場合には、法人にとっても認定法違反の問題を免れ得ないから、当該期間内における収支均衡は確実なものである必要がある。

参考資料

ることも[6]事実である。このため、法人に責任ある経営を求める観点から、収支相償の剰余金を公益目的事業の拡大によって解消する場合については、適正な運用のため必要な管理・監督の観点から次の①〜④を運用上の取扱いとする結論を得た。

① 収支相償は、公益目的事業に係る収入と公益目的事業に要する費用を比較することになるが、原則として、各事業年度において収支が均衡することが求められる。ある事業年度において収入が費用を上回ったことのみをもって、直ちに報告徴収等監督措置の対象となるわけではないが、翌事業年度との2年間で収支が相償するように発生した剰余金の使い道を説明する必要がある。

② 具体的には、剰余金の発生年度の事業報告書の別表Ａ（1）の「※第二段階における剰余金の扱い」欄に剰余金の解消計画の内容を記載し、翌年度において実現可能であることを十分に説明することが求められる。特に、法人の事業費に比して多額の剰余金がある場合には、事業拡大の達成可能性の観点から具体的で現実的な資金の使い道（事業費の費目）について十分に説明する必要がある。また、事後的には解消計画に従って、剰余金が解消されたことについて、説明することが求められる。

③ ただし、発生した剰余金が翌事業年度における解消計画で適切に費消することができないことについて特別の事情や合理的な理由がある場合（注１）（注２）には、使い道についてしっかりと検討した上で、より計画的に資金を活用し、効果的に公益目的事業を実施することが、公益の増進を目的とする認定法の趣旨に沿うものと考えられる。

このため、次のア〜ウを前提に、収支相償の剰余金解消計画を１年延長する取扱いを認めることとする。なお、この場合において、行政庁は、必要に応じて特別の事情や合理的理由、資金使途の内容等について確認することとなる。

ア：事業報告書の別表Ａ（1）の「※第二段階における剰余金の扱い」欄には発生した剰余金が翌事業年度における解消計画で適切に費消することができないことについて特別の事情や合理的な理由を示すとともに、剰余金の解消計画立案のための検討のスケジュールを具体的に示すことが求められる。

イ：翌事業年度の事業計画において、機関決定された剰余金の解消計画を提

---

[6] 法人においては、事業年度終了後3か月内に行う決算の確定時に剰余金の額を確定することになるが、その時点までに当該剰余金の次年度以降の発生見込みを見極め、その計画的な使途や解消方法を熟慮検討し、機関決定まで行うことは現実的に難しい場合があるとの指摘である。

出し、翌々事業年度において剰余金を解消するまでの具体的な資金使途について説明することが求められる。
　なお、財務面から計画達成を担保するため、当該剰余金に見合う資金について、貸借対照表において特定資産として表示することが必要となる。
ウ：翌々事業年度の事業報告において、剰余金が解消計画に従って解消されたか否かについて、資金の使い道を説明することが求められる。

（注1）
　合理的な理由とは、平年度における法人の事業規模に照らし、翌事業年度だけで剰余金を解消するには困難が伴うといった事情がある場合、例えば2年をかけて段階的に事業拡大を図ることが考えられる。
（注2）
　事業が恒常的に相当の黒字を産む構造になっている場合は、合理的な理由には含まれない。

（資料7）収支相償の剰余金の取扱い　参照

2．剰余金の解消理由

　収支相償の剰余金の解消理由としては、当期の公益目的保有財産の取得や特定費用準備資金の積立てがガイドラインに掲げられている。研究会では、例えば、公益目的保有財産の追加取得で特に金融資産を取得することや過去の赤字を補てんすることは認められるか否かについて検討を行った。

（1）　公益目的保有財産としての金融資産の取得

　収支相償の剰余金の解消を翌年度の事業拡大等で説明する場合に、公益目的保有財産の取得として、金融資産の取得は認められるか否か、また、この場合に留意すべき事項は何かについて検討を行った結果、以下の結論を得た。

① 翌年度の事業の拡大を行う場合に、運用上は、事業拡大を目的として必要な運用益を確保するために基本財産で一定額の金融資産を保有する計画が立案されるケースもある。例えば、保有する金融資産の運用益を主な財源として事業を行っている財団法人においては、公益目的保有財産を金融資産として取得することが事業の拡大を図るために必要な措置であると考えられる。

② しかし、これらの場合、公益目的保有財産の積み増しに伴って事業の拡大が適切になされなければ、内部留保を無制限に積み増していく結果になるおそれがあり、収支相償や遊休財産額の保有制限に関する制度の趣旨を潜脱するおそれがある。
③ そこで、無制限に公益目的保有財産の取得として金融資産の取得を認めるのではなく、金融資産を取得することの必要性と合理性についてア．～エ．の項目を確認することが必要である。
　　ア．事業拡大に関して、実物資産ではなくて金融資産を取得して業務を拡大する必要性が明確なこと
　　イ．事業拡大の内容が具体的になっており、それが事業計画等として法人において機関決定等（理事会等の承認、決定）を受けていること
　　ウ．運用する金融資産について、その内容及びこれから生じる運用益の見込額が妥当であること及び運用益が事業拡大の財源として合理的に説明できるものであること（事業拡大に伴う費用と運用益のバランスが適当であること）
　　エ．その他、事業の財源として、剰余金を用いることについて望ましい理由があること

(2) 特定費用準備資金の積立

　法人が、地震、火災等災害時に備えて積み立てる資金を剰余金の解消理由の一つである特定費用準備資金として説明することは可能か否かにつき検討した結果、以下の結論を得た。

① 法人が地震等の災害時に当該法人の施設、事業所等の復旧、復興に充てるために積み立てる資金は、その資金の目的である活動をいつ行うかという具体的な見込みを立てることが一般的には困難である。したがって、災害時に備えて法人の施設、事業所等の復旧、復興に充てるために積み立てる資金については、目的と金額の合理的な見積りが難しいことから、特定費用準備資金の要件を満たすことは難しいものと考えられる。
② ただし、特定費用準備資金として積み立てられない場合でも、法人の施設、事業所等の復旧、復興に充てるために積み立てる資金を合理的に見積もった範囲で、公益目的事業に必要な活動の用に供する財産（認定法施行規則第22条第3項第2号）として貸借対照表上の特定資産として経理する場合には、遊休財産額の対象から除外される。
③ また、災害救援等を事業として行うことを定款に位置付けている法人が

参考資料

災害等発生時の緊急支援のための備えを過去の実績や類例等から合理的に見積ることができる場合には、特定費用準備資金の要件を満たすことになる。

(3) 過去の赤字補てん

過去の事業年度で発生した赤字を補てんすることについて、当該事業年度以降発生した剰余金の使途として認められるか否かについて検討を行った。検討においては、「民間営利企業において、欠損金の繰り越しが法人税法上認められていることもあり、公益法人においても同様の措置を認められるべきではないか」という意見があった。一方、「利益を出すことを目的とする民間営利企業と、公益目的事業を行うことが目的である公益法人では、設立の目的及び性格が異なることから、過去に赤字を出したからといって、それを埋め合わせる必要があるとはいえない」という意見があった。

検討の結果、現時点で過去の事業年度で発生した赤字が存在する場合においても、発生した剰余金の使途については、認定法の考え方に従い、将来に向かって公益目的活動に投資することの説明が必要であり、事業の拡大を図れるよう事業計画や予算に反映させ実施することにより、結果として法人の財政状況が回復できるものとの意見にまとまった。

したがって、過去の事業年度で発生した赤字の補てんは剰余金の使途としては、適当ではないこととなった。

なお、このような検討課題が挙げられたことについては、公益目的事業区分における正味財産の維持に懸念があることに起因するものと考えられる。この点については、「公益目的事業会計区分以外の区分での財産をどの程度保有しているかに関連するものであるため、運用上、柔軟な対応を求める」との意見があった。さらに、「各行政庁において対応が異なるという声を聞くが、公益法人が将来に向って活動の基盤を拡充することができるよう各行政庁において適切な運用をしていただきたい」との意見があった。

法人が備え得る財産としては、将来の収支の変動に備えて、法人が自主的に積み立てる資金として、過去の実績や事業環境の見通しを踏まえて、活動の見込みや限度額の見積もりが可能などの要件を満たす限りで特定費用準備資金として保有することも考えられる。

(4) 公益目的保有財産を取り崩した場合の充当

公益法人がやむを得ない理由により、前事業年度以前において公益目的保有

財産を取り崩した場合に、当事業年度に発生した剰余金を公益目的保有財産に充当することは認められるか否かについて検討を行った。検討においては、「本来取り崩すべきでない公益目的保有財産の取り崩しを行っており、法人の安定的な運営のためには、その回復を図ることが望ましい」という意見があった。一方、「公益目的保有財産を取り崩しただけで、法人の継続的な運営に問題が生じているとはいえず、直ちに埋め合わせを認める理由にはならないのではないか」との意見があった。

検討の結果、認定法の運用上、剰余金の使途については、過去の説明ではなく、将来に向けての計画で説明することを予定しているため、将来に向けての公益目的保有財産を増やす説明が必要ではないかとの意見にまとまった。

したがって、前事業年度以前において公益目的保有財産を取り崩した場合に、当事業年度に発生した剰余金の使途として単に過去の取崩額の補てんの目的で公益目的保有財産に充当することは適当ではないこととなった。

3．収支相償・遊休財産規制と指定正味財産の考え方

① 指定正味財産の考え方

指定正味財産とは、寄附等によって受け入れた資産で、寄附者等の意思により当該資産の使途、処分又は保有形態について制約が課されている財産額とされる（『「公益法人会計基準」の運用指針』7、公益法人会計基準注解（注6）、公益法人会計基準に関する実務指針（その2）13参照）。しかし、実務指針（その2）13に使途の制約については例示されているものの、例えば、「公益目的事業に使用すること」といった抽象的な指定で該当するのかどうかは明確になっていない。つまり、どの程度の制約が課されていれば指定正味財産として取り扱うのか明確な基準が示されていないところである。

また、指定正味財産は制約の解除により、指定正味財産から一般正味財産に振り替えることとなるが、制約の具体的範囲が明確にならないと、制約の解除とそれに伴う一般正味財産への振替といった会計処理にも影響する。

② 問題点

指定正味財産の概念は、平成16年会計基準改正時に新たに導入されたものであり、指定正味財産概念の普及の意味から、その取扱いについて厳格な規定を置いていなかったと考えられる。平成20年会計基準では、その考え方を踏襲しているが、公益認定制度の財務三基準のうち、収支相償、遊休財産規制において、指定正味財産の概念が取り入れられており、当初予定されていなかった制度上の要請がかかってきているものと考えられる。

このような背景から、例えば、公益法人のための寄附として定められているだけで、具体的な使途は法人の判断に委ねられているような場合や、特に使途の定めのない特定資産の運用益など、指定正味財産として処理されることが適当であるのか疑問となる事例も多くある点が問題となっている。

指定正味財産についての具体的な記載については、平成 20 年会計基準には定めはないので、実務指針を参考として事例を検討した。

③ 使途の制約

指定正味財産の趣旨は、寄附者等からの受託責任の明確化のため、一般正味財産から区分することにある。また使途の制約の解除は、一般正味財産への振替のタイミングが明らかでないと会計処理ができないこととなる。このような趣旨に鑑みると、振替のタイミングがわかるように寄附者の意思により明確に使途に制約がかけられているものが指定正味財産として扱われるべきであると考えられるため、寄附者の意思について、法人側で十分に確認することが望まれる。

使途の制約については、例えば、「公益目的事業の○○事業に充当してほしい」や「奨学金事業の奨学金の財源に充当してほしい」と具体的に表現される必要がある。

しかし、寄附者から使途の制約が一定程度示されているものの、それが十分に明確でない場合がありうる。例えば、公益目的事業が複数ある場合の「公益目的事業のために使ってほしい」という寄附者の指定は、どの公益目的事業に使用した場合に制約が解除されるか明確でない。この場合、改めて寄附者の意思を確認するか、又は寄附者が亡くなっている場合には当該寄附者の意思を関係者に聴くことによって使途を明確化することができるときは、当該寄附者の意思により明確に使途に制約がかけられているものと考えられる。あるいは、既に定められている法人内部の寄附金に関する規程等によって寄附者の意思の範囲内で具体的な事業を特定することができるか、又は具体的な事業に配分することができるときには、当該寄附者の意思により明確に使途に制約がかけられているものとみなしても差し支えないものと考えられる。

また、「公益目的事業の○○事業のために使ってほしい」という寄附者の指定があった場合には、すべてをその公益目的事業の事業費に充当し、管理費に充当することはできない。しかし、寄附額のうち一定割合を管理費に充当することについて寄附者に了承を得ることができれば、当該一定割合の寄附金の使途を管理費に充当することができるものと考えられる。

なお、「公益法人のために使ってほしい」という寄附者の意思については、法人が寄附金の具体的な使途について自ら判断する余地が大きい。この場合、実質的に使途の指定のない一般正味財産との違いがなくなるため、指定正味財産に

区分されることは適切ではないと考えられる。

　指定正味財産を財源とする基本財産の運用益について、当然に指定正味財産であるとの考え方もある。しかし、例えば、運用益の発生した当該事業年度の費用に充当することを期待している場合も多く、運用益についてまで指定正味財産とすることは寄附者等の意思を超える場合も多いと考えられる。このため、運用益について具体的な使途の制約があるものについてのみ、指定正味財産として取り扱うことが適当と考えられる。

④ 指定正味財産から一般正味財産への振替

　寄附者等の使途の制約に沿って、財産が費消された場合には、指定正味財産としての使途の制約は解除されることとなる。使途の制約の解除に伴い、解除額相当が指定正味財産から一般正味財産に振り替えられることとなる。しかし、使途の制約が不明確であるときには、使途の制約の解除のタイミングと解除額が曖昧となり、そこに法人の恣意性が入り込む可能性がある。

　例えば、寄附者から保有形態を株式等で保有し続けることを指定された指定正味財産がある場合、これを取り崩して事業に使うことは全く許されないかということについて、取り崩しが必要な事情が発生した時に、改めて寄附者の意思を確認するか、又は寄附者が亡くなっている場合には当該寄附者の意思を関係者に聴くことが必要であると考えられる。

　また、寄附者から特定の事業を指定されて使うこととされた寄附金を指定正味財産とした場合で、合理的な理由もなく支出せずにいる場合には、本来の受託責任を果たすことができない状況と判断できることから、当該寄附金は、会計上は指定正味財産から一般正味財産へ振り替えることが適当である。

⑤ 指定正味財産に関する平成20年会計基準と実務指針の関係

　指定正味財産については、寄附者等からの使途の制約、使途の制約の解除等の事実認定に関してより明確な規定とする必要があるのではないか、あるいは指定正味財産の運用について具体的な考え方を明確にして法人関係者に示すことが必要ではないかと考えられる。既に②に記載したとおり平成20年会計基準には指定正味財産の具体的な記載がなく、実務指針が参考にされている。したがって、指定正味財産の今回の検討結果については、実務指針にも反映してもらうよう日本公認会計士協会に要請するとともに、実務指針との関係を明確に整理することが必要であると考えられる。

参考資料

Ⅵ 定期提出書類

1．別表Hと財務諸表の関係

　定期提出書類の別表Hは、毎事業年度の公益目的取得財産残額を算定する書類である。公益目的事業財産の毎事業年度のフローとストックを捉え、公益法人が、現在、公益目的事業にどの程度の財産を投下しているかを示すものである。
　公益目的事業財産は、認定法及び認定法施行規則で財産となるものが決まっている。しかし、公益目的事業会計で赤字が発生し、公益目的事業財産以外の財源で赤字を補てんした場合、赤字を補てんした財産が公益目的事業財産に含まれるかどうかなど、法令等の解釈において意見の分かれるところがあり、法人からも別表Hを作成する上で難しいという声がある。
　まず、公益目的事業財産は、認定法第18条及び認定法施行規則第26条で規定されているところであり、赤字を補てんした財産は、認定法第18条第8号に基づく認定法施行規則第26条第8号で規定されている、定款又は社員総会若しくは評議員会において、公益目的事業のために使用し、又は処分する旨を定めた額に相当する財産に該当するという解釈があり得る。
　一方、認定法第30条第2項第3号において、公益目的事業財産以外の財産について公益目的事業を行うために費消、譲渡した場合には、公益目的取得財産残額から控除するものと規定されており、赤字補てんはこれに当たるとの解釈があり得る。
　二つの解釈のうちいずれかをとるかによって、公益目的取得財産残額の計算結果が異なってくるものであり、研究会としては以下の結論を得た。
　赤字を補てんした財産は、認定法第18条第8号に基づく認定法施行規則第26条第8号で規定する、公益目的事業のために使用、又は処分する旨を定めた額に相当する財産に該当すると考えられる。
　なぜなら、認定法第19条において区分経理の規定が設けられている趣旨の一つに、公益目的事業と収益事業等の事業活動の実態をそれぞれの会計により確認できるようにすることがある。このことを踏まえると、公益目的事業の事業活動は極力公益目的事業会計で表されることが必要と考えられる。したがって、公益目的事業会計に区分された財産は基本的には認定法第18条に規定する公益目的事業財産に該当し、それに該当しないものはごく例外的な場合と解すべきである。このため、認定法第30条第2項第3号の公益目的事業財産以外の財産について公益目的事業を行うために費消、譲渡した場合についても、限定的に解するのが適切であると考えられる。（注1）
　すなわち、公益目的事業会計以外の財産で公益目的事業会計の赤字を補てん

した場合、当該補てんのための金額は、一度公益目的事業会計に移動されてから、支出されていると考えられる。会計上は、当該金額は、正味財産増減計算書内訳表（他会計振替額）で、公益目的事業会計区分へ移動することになるものであって、当該書類の決算承認をもって、公益目的事業のために使用することが意思決定されており（注2）、認定法施行規則第26条第8号に該当し、公益目的事業財産に当たるものと考えられる。

また、当該補てんした金額は、認定法第30条第2項第1号の法人が取得した公益目的事業財産及び同項第2号の公益目的事業を行うために費消したものの双方に当たるため、差し引きされて、公益目的取得財産残額の計算上影響を与えないこととなる。

（注1）限定的に解した場合、例えば以下のような場合が該当すると考えられるのではないか。
　　　○法人会計区分で所有している建物を一時的に公益目的事業に使用している時の減価償却費。
　　　○退職給付引当資産を公益目的事業財産に位置付けないで保有しており、公益目的事業会計区分に従事している従業員に配賦した退職給付費用。
（注2）これについては、「公益目的事業のために使用し、又は処分する旨を定めた」というには、そのことが明示される形で意思決定が行われることが必要であり、財務諸表の承認は当たらないのではないか、という意見がある。特に、会計監査人設置法人については、法人法第127条で定時社員総会への報告となっていることから、該当するとは考え難いのではないかという意見である。

なお、赤字補てんした財産は、公益目的事業財産以外の財産の費消であるため、認定法第30条第2項第3号に該当するとの考えもあり、認定法第30条第2項第3号を限定的に解する必要はなく、法人が公益目的事業財産以外の財産を財源としてまで公益目的事業を実施していることを評価し、その財源とした額を公益目的取得財産残額から減額することが社会通念上公平という考え方もある。この場合、補てん額は、公益目的取得財産残額から控除されることになる。しかし、この考え方に従って計算をすると、赤字補てんが繰り返し行われると、公益目的事業会計に区分された（公益目的事業のために使用することが予定された）財産が存在しているにもかかわらず、公益目的取得財産残額がマイナスとなるおそれがある。この場合、認定取消等で残された財産を自由に処分できることになるが、適当であるか疑問が残る。研究会の結論を参考にさらに検討を進め

ていただきたい。

2．別表C（2）控除対象財産と財務諸表の関係

控除対象財産と財務諸表との具体的な関係（勘定科目）が分かりにくいため、両者の関係を整理すると、以下のとおりとなる。

会計上の資産区分	財産の使途・保有目的と認定法における財産区分		控除対象財産
（流動資産）	特に使途の定めがないもの（遊休財産）		×
（固定資産）基本財産	公益目的保有財産	不可欠特定財産	一
		不可欠特定財産以外の公益目的事業財産	一
	収益事業等・管理活動財産		二
	寄附者等による使途の指定のある財産・資金		五、六
	使途・用途不明等（上記以外）（遊休財産）		×
特定資産	公益目的保有財産	不可欠特定財産以外の公益目的事業財産	一
	収益事業等・管理活動財産		二
	資産取得資金		三
	特定費用準備資金		四
	寄附者等による使途の指定のある財産・資金		五、六
	使途・用途不明等（上記以外）（遊休財産）		×
その他固定資産	公益目的保有財産（金融資産以外）		一
	収益事業等・管理活動財産（金融資産以外）		二
	使途・用途不明等（上記以外）（遊休財産）		×

（注）　一～六：　認定法施行規則第22条第3項各号に該当
　　　　×：　該当せず。

これらの関係を定期報告書類作成時において、財務諸表と別表C（2）の整合性を確認する必要がある。

3．実施事業資産と財務諸表の関係

移行法人における実施事業資産を区分して明らかにする方法として、①貸借対照表内訳表において実施事業等会計、その他会計及び法人会計の3つに区分することにより、明示する方法、②貸借対照表に実施事業資産を注記する方法の二つがあげられているが、具体的な記載例がないため、どの程度の記載があれば

実施事業資産を正しく明示しているかについて検討を行った。

移行法人においては、公益目的支出計画を実施している途中であることから、公益目的支出の額に関係のある費用を明らかにすることが必要であるため、実施事業資産は区分して明らかにしておくこととなる。すなわち、公益目的支出計画の実施に影響があるため、上記①や②の方法が示されているものと考えられる。①の貸借対照表内訳表を作成した場合には、実施事業等会計に区分された固定資産が実施事業資産に該当するものと考えられる。さらに、②財務諸表に対する注記を選択した場合には、記載例として以下の記載が考えられる。このような記載により、実施事業資産は明示されるものと考えられる。

(記載例)
財務諸表(貸借対照表)に対する注記
××. 実施事業資産は以下のとおりである。

基本財産	投資有価証券	500
その他固定資産	土　　地	200
	建　　物	100

Ⅶ　財務三基準以外

1．有価証券の評価方法等の考え方と表示方法

平成20年会計基準に定められている評価の基準、財務諸表の表示方法以外の詳細な会計処理については、「金融商品に関する会計基準」(企業会計基準第10号　平成11年1月22日　企業会計審議会　最終改正平成20年3月10日　企業会計基準委員会)を適用するという考え方がある。研究会では、この考え方でよいか改めて確認を行った。

平成16年会計基準公表後、日本公認会計士協会は当時の「金融商品に関する会計基準」に準じる内容の実務指針(非営利法人委員会報告第28号、同第32号)を公表しているが、例えば、以下の場合の会計処理が明示されていない。

【その他有価証券を時価評価する場合の会計処理】
「金融商品に関する会計基準」によると、その他有価証券に区分された債券について、償却原価法を適用したうえで時価評価することが求められている(金融商品会計に関する実務指針276)。

平成20年会計基準では、金融商品の運用による利息等と評価損益(売却損益

を含む）を明確に分けて表示することが定められている。このため、その他有価証券に区分された債券については、償却原価法を適用したうえで時価評価する必要があることを明示することで、一層、会計処理の普及につながるものと考えられる。詳細については、日本公認会計士協会において検討いただきたい。

２．事業費・管理費科目の考え方と表示方法

　事業費・管理費について、事業費と管理費の定義がわかりにくい場合がある。すなわち、現行のガイドラインでは、定義と例示のみが記載されている。このため、研究会では、事業費と管理費について定義を解説することにより、よりわかりやすい表現とすることを検討した結果、以下のとおりとなった。
　事業費とは、事業の目的のために要する費用であり、管理費とは法人の事業を管理するため、毎年度経常的に要する費用と定義づけられている（『「公益法人会計基準」の運用指針』１２（２）、公益認定等ガイドラインⅠ.７.（１）参照）。
　具体的には、事業費は、当該事業に跡付けることができる費用であって、例えば、事業に従事する職員の給与手当等の人件費、事業に関連して発生する旅費交通費、事業の実施会場の賃借料等の経費が該当する。また、業務執行理事に対する役員報酬のうち、事業へ従事することへの対価であると認められる部分についても事業費に該当する。
　一方、管理費は、当該事業に跡付けることができない経常的な費用であり、換言すれば、法人の事業活動にかかわらず、法人が存続していく上で、必要な経常的な費用である。例えば、個別の事業実施に直接かかわりのない役員報酬や管理部門の経理担当職員の給料手当等の人件費、社員総会・評議員会・理事会の開催費用、理事・評議員・監事報酬や税務申告に係る税理士報酬、会計監査に係る監査報酬等は、法人が存続していくために必要な経常的費用と考えられるので、管理費に該当する。

３．他会計振替の考え方

　他会計振替の考え方について、「他会計振替額」は「公益法人会計基準の運用指針」１２．財務諸表の科目の取扱要領に「正味財産増減計算書内訳表に表示した収益事業等からの振替額」と記載されているように、通常は収益事業等から公益目的事業会計への利益の50％又は50％超の繰入れに用いられる場合と収益事業等から法人会計に充てる場合に用いられる（ＦＡＱ問Ⅵ-１-②）。
　これに加えて、以下の図表にあるように、公益法人においては、ⅰ法人会計から公益目的事業会計への振替、ⅱ収益事業等会計と法人会計間の振替も行うこ

参考資料

とができる。
① 他の会計区分における収益又は利益を振り替える会計区分間の取引が発生した場合、正味財産増減計算書内訳表上、「当期経常外増減額」と「当期一般正味財産増減額」の間に「他会計振替額」として表示する。「他会計振替額」は会計区分間の資産及び負債の移動（内部貸借取引を除く。）を意味しており、収益・費用の按分を処理する科目ではない。
② なお、認定法第18条の規定により、公益目的事業会計から収益事業等会計又は法人会計への振替はできない（一般社団法人及び一般財団法人については各会計間の振替は可能）。
③ 法人会計から公益目的事業会計への振替は、認定法施行規則第26条第8号に定められる定款又は社員総会若しくは評議員会において、公益目的事業のために使用し、又は処分する旨を定めた額に相当する財産の移動は可能である。
④ 各会計間の他会計振替の可否は、以下の図表のとおりである。

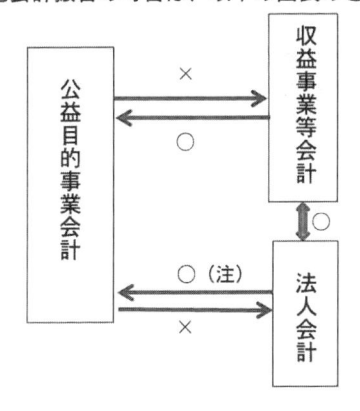

```
                      ×
      ┌─────────┐ ──────→ ┌─────────┐
      │  公     │          │  収     │
      │  益     │ ←──────  │  益     │
      │  目     │    ○     │  事     │
      │  的     │          │  業     │
      │  事     │          │  等     │
      │  業     │    ↕ ○   │  会     │
      │  会     │          │  計     │
      │  計     │ ○（注）  └─────────┘
      │        │ ──────→ ┌─────────┐
      │        │          │  法     │
      │        │ ←──────  │  人     │
      │        │    ×     │  会     │
      │        │          │  計     │
      └─────────┘          └─────────┘
```

（注） 認定法施行規則第26条第8号に定められる定款又は社員総会若しくは評議員会において、公益目的事業のために使用し、又は処分する旨を定めた額に相当する財産の移動は可能。

（出典：日本公認会計士協会非営利法人委員会研究資料第4号）

（参考）
　他会計振替の考え方、振替額の計算方法、計算事例等については、日本公認会計士協会から公表されている「非営利法人委員会研究資料第4号」に記載があるので参照されたい。

247

参考資料

4．財産目録の使用目的等欄の表示の必要性

　研究会では、財産目録の情報開示内容についてどの程度の必要性があるのか、法人の負担軽減の観点から検討を行った。現状の開示内容はガイドラインに例示があるとおり、法人の財産をどの公益目的事業の用に供するかを明らかにするためのものであり、現状においてその役割は必要との結論を得た。このため、引き続きガイドラインを参考に情報開示を行うこととする。

5．資金収支の情報の記載

　資金収支ベースでの収支予算書及び収支計算書については、平成20年会計基準においては作成する必要はないが、多くの法人では、その必要性に応じて引き続きこれを作成している。これは法人の事務負担をかけることになることから、研究会では、法人の事務負担を軽減する方法として、資金収支ベースの収支予算書及び収支計算書の情報を財務諸表等（財務諸表に対する注記を含む。以下同じ。）又は財務諸表等以外の適当な場所に記載することは可能かどうかについて検討を行った。

　研究会では、資金収支の情報については、財務諸表等に記載することは適当ではなく、財務諸表等と区分して適当な場所に任意に記載すること、法人の内部管理資料として作成することは問題ないという結論を得た。この理由として、ⅰ財務諸表等の提出書類は、損益計算ベースで作成した資料であり、当該資料以外に提出を求めることは、法人の事務負担を増やすこととなること、ⅱ提出資料に追加の記載をすることにすると、計算の基本となるルールを定める必要があるため、従前では法人が任意に決めていた資金の範囲等を一定条件の下で決めることになることが挙げられる。

以　上

参考資料

移行後の法人の業務運営と監督について

内閣府

参考資料

目 次

【公益法人編】

1. 公益法人のガバナンス・情報開示と監督の概要 ……3
2. 公益法人に対する監督の基本的考え方 ……4
3. 公益法人に対する立入検査の考え方 ……5
4. 公益法人の業務運営における留意事項 ……6
   ①公益目的事業等の実施状況（変更認定・変更届出が必要な場合等）
   ②法人の財務状況（認定基準への適合性等）
   ③法人のガバナンス（法人の機関運営等）
   ④法人の情報開示（法定書類の作成・備置き・開示と定期提出書類の提出）
5. 公益認定の取消しについて ……10
   ①認定取消しになる場合
   ②認定取消しの効果

（参考）公益認定法の罰則規定 ……12

【一般法人編】

6. 一般法人に移行した法人の業務運営と監督の概要 ……13
7. 一般法人に対する監督の制度・考え方（公益法人との主な違い） ……14
8. 一般法人に移行した法人に関する留意事項（変更認可、変更届出、公益目的支出計画実施報告書等の作成） ……15

（参考）整備法の罰則規定 ……16

【参考資料】 ……17

250

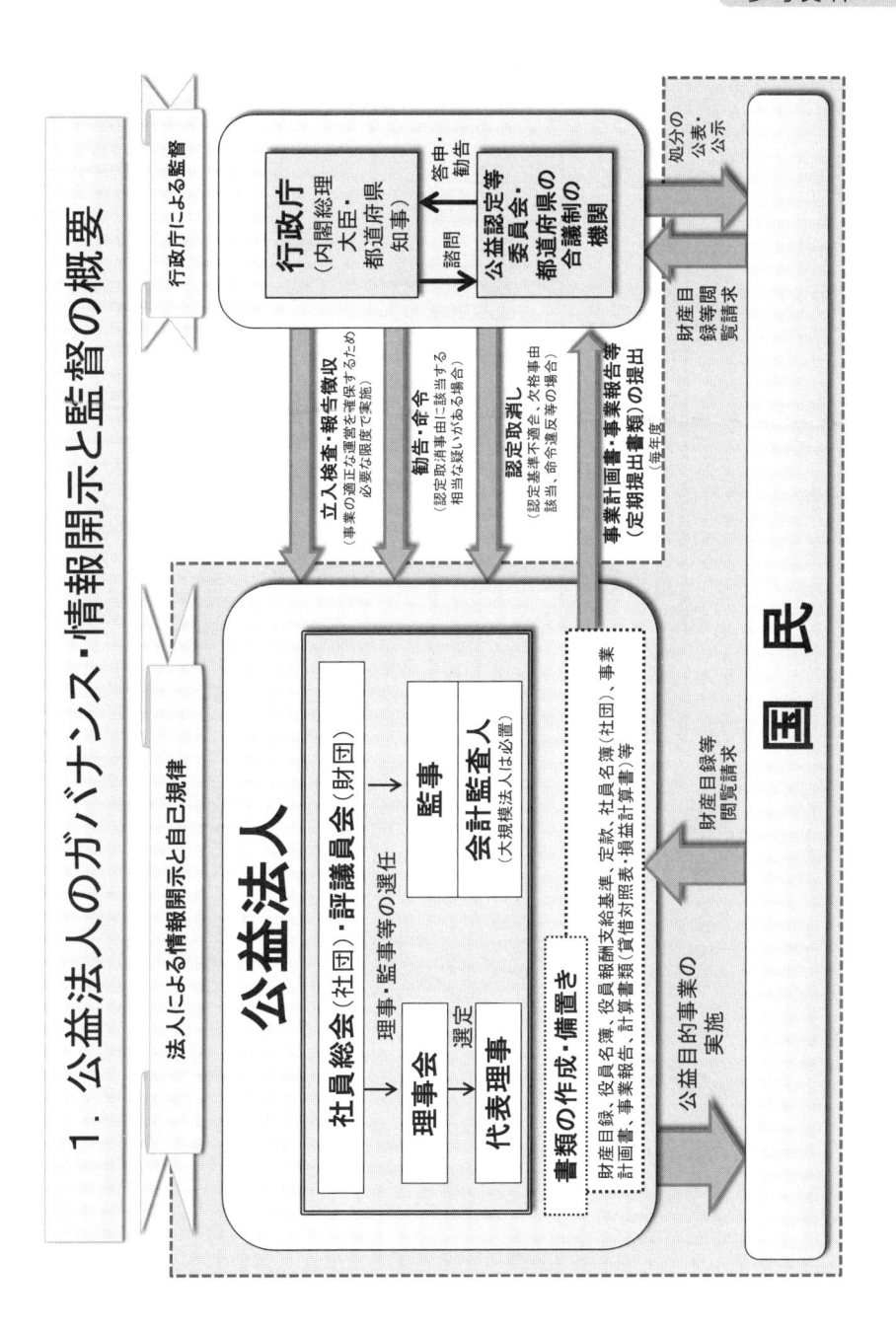

1. 公益法人のガバナンス・情報開示と監督の概要

行政庁による監督

行政庁（内閣総理大臣・都道府県知事）
⇔ 諮問／答申・勧告 ⇔ **公益認定等委員会・都道府県の合議制の機関**

- 立入検査・報告徴収（事業の適正な運営を確保するため必要な限度で実施）
- 勧告・命令（認定取消事由に該当するおそれがある疑いがある場合）
- 認定取消し（認定基準不適合、欠格事由該当、命令違反等の場合）
- 事業計画書・事業報告等（定期提出書類の提出）（毎年度）

処分の公表・公示 → **国 民**

法人による情報開示と自己規律

公益法人

- **社員総会**（社団）・**評議員会**（財団）
  - 理事・監事等の選任
  - ↓
- **理事会**
  - 選定 → **代表理事**
- **監事**
- **会計監査人**（大規模法人は必置）

書類の作成・備置き：財産目録、役員名簿、役員報酬支給基準、定款、社員名簿（社団）、事業計画書、事業報告、計算書類（貸借対照表・損益計算書）等

公益目的事業の実施 → **国 民**

国民 → 財産目録等閲覧請求

参考資料

2. 公益法人に対する監督の基本的考え方

<公益法人に関する法令の規定>

[旧制度] 主務官庁に広範な裁量 → [新制度] 各種の要件・基準等を明確に規定

- ◆ 公益認定法（認定基準、欠格事由、公益法人が遵守すべき規制、行政庁による監督など）
- ◆ 一般法人法（法人の社員、機関（社員総会、評議員会、理事会、理事等、監事等）、会計、など）

行政庁
公益認定等委員会
（都道府県の合議制の機関）

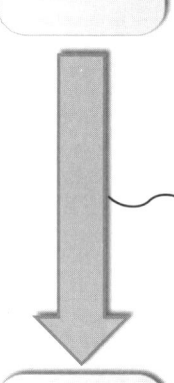

公益法人
法令・定款に基づく法人自治
適切な情報開示

(1) 法令で明確に定められた要件に基づく監督
(2) 法人自治を大前提としつつ、民による公益の増進のため公益法人が制度に適切に対応できるよう支援
(3) 制度の信頼確保のため必要な場合は、問題ある法人に対し迅速かつ厳正に対処
(4) あらゆる機会（認定審査、定期提出書類等の確認、立入検査など）を活用して法人の実態を把握

「監督の基本的考え方」（平成20年11月21日 内閣府）より

3. 公益法人に対する立入検査の考え方

(立入検査の観点)

▶ 「公益法人の事業の適正な運営を確保するために必要な限度において」(第27条第1項)
・・・法令で明確に定められた公益法人として遵守すべき事項に関する法人の事業の運営実態を確認する観点から実施

(立入検査の実施頻度等)

▶ <u>概ね3年を目途に全ての法人に対する立入検査が一巡するスケジュール</u>で実施することとする
・・・事業の運営状況に応じて頻度を増やすなど、重点的・機動的な立入検査の計画を毎年度作成
・・・対象法人に対し、(原則として)実施予定日の約1か月前に、検査の日時、場所等を通知

(立入検査の実施方法等)

▶ 各種情報(認定審査の際の申し送り事項、定期提出書類、変更届出、報告徴収で得た情報、外部から提供された情報等)を活用し、立入検査でなければ確認困難な事項(公益目的事業の実態など)を中心に、重点的に検査を実施。検査現場の状況等に応じ臨機応変に対応

▶ 法人運営全般について、理事・監事など法人運営に責任を持つ者から説明を求める

▶ 必要に応じ、<u>制度への理解を深め、適切な法人運営を支援する観点から、制度の詳細について説明</u>等を行う

(問題ある法人に対する立入検査の実施)

▶ <u>公益認定の基準や欠格事由等に関連する法人の問題点が発覚した場合</u>
→ 問題点の重大さを勘案し、<u>適時適切に立入検査を実施</u>

「立入検査の考え方」(平成21年12月24日(平成26年5月14日一部改訂)内閣府)より

参考資料

4. 公益法人の業務運営における留意事項①
～公益目的事業等の実施状況（変更認定・変更届出が必要な場合等）～

＜公益目的事業等の実施状況に関する主な留意点＞

✓ 公益目的事業等が認定申請書や定期提出書類に記載されたとおり実施されているか
✓ 認定申請書に記載されていない事業が実施されていないか
✓ 公益目的事業において不特定多数の者の利益の増進は図られているか
✓ 事業の実施に当たり、法人関係者や特定の個人・団体等に対し特別の利益を与えていないか

＜変更認定が必要な場合＞（第11条）

【公益目的事業関係】
・公益目的事業の種類又は内容の変更がある場合
・収益事業等の内容の変更又は内容の変更がある場合

（ただし、公益目的事業・収益事業等の内容の変更であっても申請書の記載事項の変更を伴わないもの
は、変更届出
※公益目的事業における受益の対象や規模が拡大する場合など、事業の公益性についての判断が明らかに変わらないと認められる場合は、変更届出で可）

【その他関係】
・公益目的事業を行う都道府県の区域又は主たる事務所の所在場所の変更
（ただし、行政庁の変更を伴わない場合は、変更届出）

＜変更届出が必要な場合＞（第13条）

【公益目的事業関係】
・公益目的事業・収益事業等の内容の変更で、申請書の記載事項の変更を伴わないもの

※毎年度変動することが一般的に想定されるような事項の変更は、変更届出も不要

【その他関係】
・法人の名称又は代表者の変更
・事務所の所在場所の区域又は主たる事務所で、行政庁の変更を伴わないもの
・定款の変更
・理事、監事、評議員、会計監査人の変更
・役員報酬等の支給基準の変更
・事業を行うに当たり必要な行政機関の認可可等の変更

254

4. 公益法人の業務運営における留意事項②
～法人の財務状況（認定基準への適合性等）～

＜法人の財務状況に関する主な留意点＞

（経理的基礎関係）
- ✓ 会計処理や財産管理、計算書類等の作成や監査等は適正に行われているか
- ✓ 法人の財政基盤（借入金の状況、寄付金や会費等収入の見込、財団における純資産額など）に問題はないか

（財務3基準関係）
- ✓ 収支相償、公益目的事業比率、遊休財産規制について、それぞれ基準に適合しているか。その算定は適正に行われているか
- ✓ 基準に適合していない場合（収支相償における黒字がある場合など）、その理由の説明は妥当か。また、不適合状態の解消に向けた取組が適切に行われているか

（公益目的事業財産関係）
- ✓ 公益目的保有財産について、目的外使用はないか。共用財産について使用割合は適正か
- ✓ 寄付金、会費、補助金等について、適切な収入計上、運用・管理が行われているか
- ✓ 公益目的取得財産残額について、正しく算定されているか

（役員報酬関係）
- ✓ 役員等の報酬等が、支給基準に基づき適正に支給されているか。支給基準は公表されているか

※仮に、公益法人の業務や財務の状況が認定基準等に適合していない場合、その理由や不適合状態の解消に向けた法人の取組などを踏まえ、まずは法人における是正を促す観点から、必要な監督上の措置（報告徴収の実施、勧告・命令）を講じることとなる。（欠格事由に該当する場合等を除き、基本的には、直ちに認定取消しを行うことはない）

参考資料

255

4. 公益法人の業務運営における留意事項③
～法人のガバナンス（法人の機関運営等）～

<法人のガバナンスに関する主な留意点>
✓ 社員総会・評議員会や理事会は適切に開催されているか。招集、決議等の手続は適正か
✓ 重要な決定事項について、法人内部での機関決定が適切に行われているか。

<公益法人の機関に関する一般法人法、公益認定法の主な規定>

【社員総会・評議員会】
・権限：一般法人法又は定款で定める事項を決議（法人法第35条第2項、第178条第2項）
・招集：理事会決議が必要（法人法第38条第2項、第181条第1項）
・決議：評議員会は書面評決・代理評決とも不可、社員・評議員全員の同意で決議・報告の省略が可能（法人法第58条・第59条、第194条、第195条）

【理事会】←公益法人は必置（認定法第5条第14号ハ）
・権限：法人の業務執行決定、理事の職務執行監督等（法人法第90条、第197条）
・招集：開催通知（理事・監事全員の同意で招集手続省略が可能）（法人法第94条、第197条）
・決議：書面評決・代理評決とも不可、定款の定め＋理事・監事全員の同意で決議の省略、全員への通知で報告の省略が可能（法人法第97条、第98条、第197条）（代表理事等の職務執行状況報告は省略不可）

※法人の機関決定が適切に行われない場合
～訴訟により社員総会・評議員会の決議が不存在や決議の内容が法令違反の場合、取消し（招集手続や決議の方法に瑕疵がある場合、決議の内容が定款違反の場合等）となる可能性あり（法人法第265条、第266条）

※役員の責任
・法人に対する損害賠償責任（任務を怠ったとき）（法人法第111条、第198条）
・第三者に対する損害賠償責任（悪意又は重大な過失があったとき）（法人法第117条、第198条）
・一般社団法人の社員による役員の責任追及の訴え（法人法第278条）
・理事・監事等の特別背任罪、法人財産処分罪、贈収賄罪、その他一般法人法・公益認定法に定める罰則（法人法第334条～第344条、認定法第62条～第66条）

256

参考資料

4. 公益法人の業務運営における留意事項 ④
～ 法人の情報開示（法定書類の作成・備置き・開示と定期提出書類の提出）～

<法人の情報開示に関する主な留意点>
✓ 計算書類等の法令で定められた書類が、法人の事務所に適切に備え置かれ、閲覧が可能な状態になっているか
✓ 定期提出書類（事業計画書等、事業報告等）が適切に作成され、行政庁に提出されているか

<公益認定法等の定める備置き書類>　※何人にも閲覧可能（認定法第21条第4項）

- 事業計画書、収支予算書、資金調達及び設備投資の見込み（認定法第21条第1項）
- 財産目録
- 役員等名簿、役員報酬等支給基準
- キャッシュフロー計算書（会計監査人設置法人）
- 運営組織及び事業活動の状況の概要及びこれらに関する数値のうち重要なものを記載した書類（「別紙1」以上認定法第21条第2項）
- 社員名簿（法人法第32条）
- 計算書類等（法人法第129条、第199条）
（貸借対照表、損益計算書、事業報告及びこれらの附属明細書、監査報告・会計監査報告）
- 定款（法人法第14条、第156条）
- 特定費用準備資金、資産取得資金、5・6号財産に関する書類（認定法施行規則第18条第3項第5号、第22条第4項第5項）

＋

事業計画書等　（毎事業年度開始の日の前日まで行政庁に提出）（認定法第22条第1項）

- 提出書
- 理事会等の承認を受けたことを証する書類

提出書
- 「別紙1」に記載された事項及び数値の計算の明細等
- 別紙2：法人の基本情報及び組織について
- 別紙3：法人の事業について
- 別紙4：公益認定の基準に係る書類について
  （別表A：収支相償関係）
  （別表B：公益目的事業比率関係）
  （別表C：遊休財産規制関係）
  （別表D：他の団体の意思決定に関与可能な財産）
  （別表E：経理的基礎関係）
  （別表F：各事業に関連する費用額の配賦）
  （別表G：公益目的取得財産残額関係）

＋

事業報告等　（毎事業年度の経過後3か月以内に行政庁に提出）（認定法第22条第1項）

- 別表5：その他の添付書類（滞納処分に係る国税・地方税の納税証明書等）

定期提出書類

257

参考資料

5. 公益認定の取消しについて①
～認定取消しになる場合～

(1) 必ず認定取消しになる場合（第29条第1項）

① **欠格事由**（第6条）に該当するに至ったとき

欠格事由の例：
・理事、監事、評議員のうちに認定法違反等の場合は罰金刑も含む）に処せられた者がいる（第1号ロ、ハ）
・事業計画書の内容が法令や法令に基づく行政機関の処分に違反している（第3号）
・定款や事業計画書のとおり法令上必要な行政機関の許認可等を受けることができない（第5号）
・国税、地方税の滞納処分が執行されている（第4号）
・暴力団員等が事業活動を支配している（第6号）

② **偽りその他不正の手段**により公益認定、変更認定等を受けたとき

③ 正当な理由なく、行政庁の**命令**（第28条第3項）に従わないとき

④ 法人から公益認定取消しの申請があったとき

(2) 認定取消しになりうる場合（第29条第2項）

① **認定基準**（第5条第1号～第18号）のいずれかに**適合しなくなった**とき

② 認定法第14条～第26条の**規定を遵守していない**とき

遵守すべき規定の例：
・収支相償（第14条）
・公益目的事業比率（第15条）
・遊休財産規制（第16条）
・寄附の募集に関する禁止行為（第17条）
・公益目的事業財産の使用、処分（第18条）
・収益事業等の区分経理（第19条）
・公益目的事業等の実施（第20条）
・役員報酬等の備置き、閲覧（第21条）
・財産目録等の備置き、閲覧（第21条）
・事業計画書、事業報告等の提出（第22条）

③ 上記のほか、法令、法令又は法令に基づく行政機関の**処分に違反**したとき

基本的には、直ちに認定取消しということはなく、まずは法人に対し是正を求めていくこととなる（必要に応じ、勧告・命令 → 従わない場合は(1)、③へ）

⇒ **認定取消し**

258

参考資料

5. 公益認定の取消しについて②
～認定取消しの効果～

(1) 公益法人 → 一般法人へ (第29条第5項、第6項)

※特例民法法人から移行認定された公益法人も、認定が取り消されると一般法人になる（整備法第107条）。
（認定処分後に移行登記を行わなかったことを理由とする認定取消しの場合のみ、特例民法法人に戻る（整備法第109条）。）

(2) 公益目的取得財産残額の贈与 (第30条)

○ 認定取消後1か月以内に、定款で定めた贈与の相手方（第5条第17号）と、公益目的取得財産残額（※）相当の財産の贈与について書面による贈与契約を成立させる必要あり。
→契約が成立しない場合は、所管行政庁に応じ、国又は都道府県への贈与契約が成立したとみなされる。

※公益目的取得財産残額とは
当該公益法人の公益目的事業財産（取得額＝公益目的事業のための費消額等）を基に算出される金額。公益法人が有する公益目的事業財産が、認定取消後においても公益目的のために使用されることを担保するため、公益認定時における公益目的取得財産残額に相当する財産の贈与を規定が設けられている。
各公益法人は、毎事業年度の事業報告において、当該事業年度末日における公益目的取得財産残額を算出（別表Hの作成）することとされており、認定取消しがあった場合には、直近の事業年度末日における公益目的取得財産残額を基に一定の調整を行い、最終的な認定取消日における公益目的取得財産残額を確定することとなる。

(3) 欠格事由への該当 (第6条第1号イ、第2号)

① 認定取消しを受けた法人
② 認定取消しの原因となった事由があった日以前1年内に当該公益法人の業務を行う理事であった者

→①の法人や、②の者が理事・監事・評議員を務める法人は、認定取消しの日から5年間、新たな認定を受けることができない

259

参考資料

（参考）公益認定法の罰則規定

> ・行為者に加え、行為者が代表する法人等に対しても罰金刑の適用あり（両罰規定）
> ・法人の理事・監事、評議員が処罰された場合、認定法の欠格事由に該当

6か月以下の懲役又は50万円以下の罰金（第62条）
- 偽りその他不正の手段により公益認定、変更認定、変更認定等を受けた者
  （※特例民法人からの移行認定についても同様（整備法第144条第1号））
- 変更認定を受けずに下記の変更を行った者
  - 事業区域・事務所の所在地の変更（行政庁の変更を伴う場合）
  - 公益目的事業の種類・内容、収益事業の内容の変更（行政庁の変更の変更（認定基準不適合となる場合）

50万円以下の罰金（第63条）
- 公益法人の名称使用規制に違反した者
  （公益社団／財団法人でない者が「公益社団法人／財団法人と認められる文字を名称・商号中に使用した場合、不正の目的をもって他の公益社団／財団法人と誤認されるおそれのある名称・商号を使用した場合）

30万円以下の罰金（第64条）
- 公益認定、変更認定等の申請書又は添付書類に虚偽の記載をして提出した者
  （※特例民法人からの移行認定についても同様（整備法第146条））
- 財産目録等の備置き（第21条）を行わない、又は当該書類に記載すべき事項の不記載・虚偽記載を行った者

50万円以下の過料（第66条）
- 以下に該当する場合の公益法人の理事、監事、清算人
  - 変更、合併、解散等の届出をせず、又は虚偽の届出をしたとき
  - 定期提出書類を提出（第22条）せず、又は虚偽記載をして提出したとき
  - 報告徴収（第27条）に対し報告をせず、又は虚偽の報告をしたとき
  - 立入検査（第27条）を拒み、妨げ、忌避し、又は質問に答弁せず若しくは虚偽答弁をしたとき

参考資料

6. 一般法人に移行した法人の業務運営と監督の概要

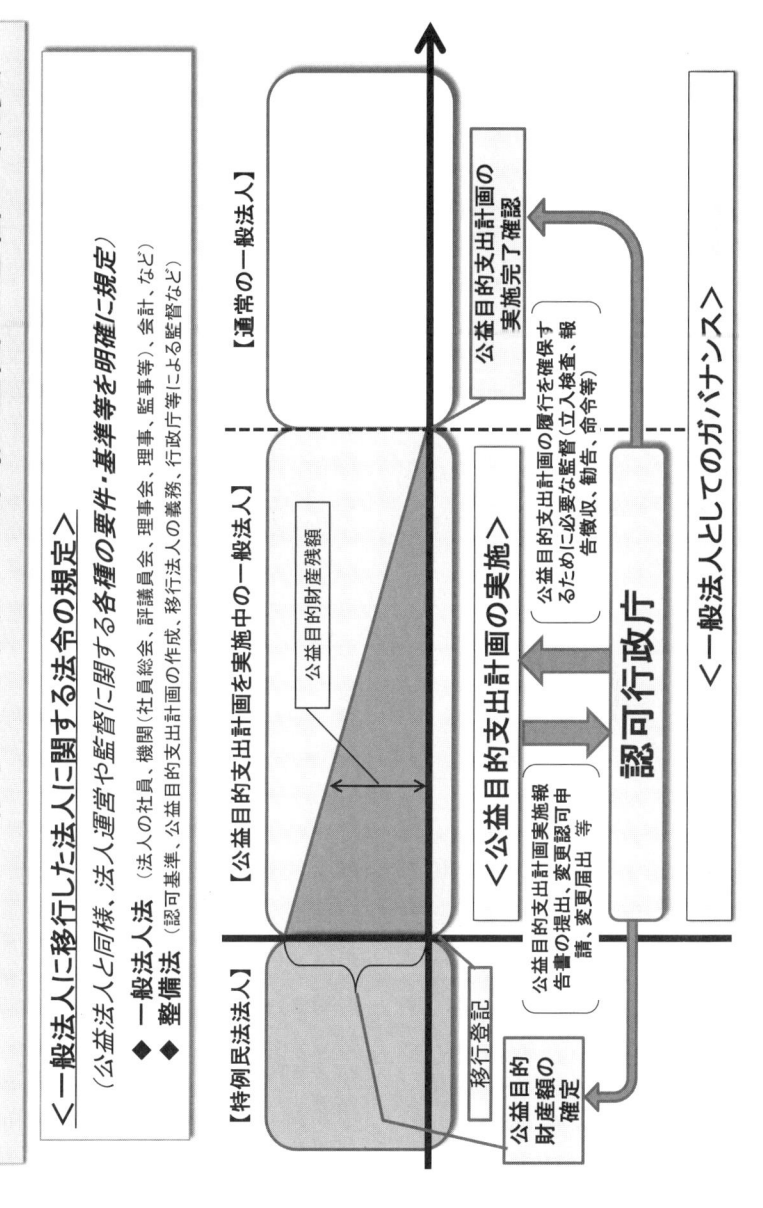

<一般法人に移行した法人に関する法令の規定>
(公益法人と同様、法人運営や監督に関する各種の要件・基準等を明確に規定)

◆ 一般法人法 （法人の社員、機関（社員総会、評議員会、理事、理事会、監事等）、会計、など）
◆ 整備法 （認可基準、公益目的支出計画の作成、移行法人の義務、行政庁等による監督など）

【特例民法人】　【公益目的支出計画を実施中の一般法人】　【通常の一般法人】

公益目的財産残額

移行登記

公益目的財産額の確定

<公益目的支出計画の実施>

公益目的支出計画実施報告書の提出、変更認可申請、変更届出等

認可行政庁

公益目的支出計画の履行を確保するために必要な監督（立入検査、報告徴収、勧告、命令等）

公益目的支出計画の実施完了確認

<一般法人としてのガバナンス>

参考資料

7. 一般法人に移行した法人に対する監督の制度・考え方
～公益法人との主な相違点～

	公益法人	一般法人（公益目的支出計画を実施中の法人）
適用法	一般法人法＋公益認定法	一般法人法＋整備法
監督の範囲	公益法人の事業の適正な運営の確保（認定法第27条参照）	公益目的支出計画の履行の確保（整備法第123条）
定期提出書類の種類	事業計画書等（認定法第22条）（事業年度開始日の前日まで） 事業報告等（認定法第22条）（事業年度経過後3か月以内）	公益目的支出計画実施報告書等（整備法第127条）（事業年度経過後3か月以内）
立入検査・報告徴収の要件	公益法人の事業の適正な運営の確保に必要な限度において（認定法第27条） （→全公益法人に対し、計画的に立入検査を実施）	以下のいずれかに該当すると疑うに足りる相当の理由があるとき（整備法第128条） ①正当な理由なく、公益目的支出を実施しない ②各事業年度の公益目的支出が計画に比べ著しく少ない ③公益目的財産残額の変更認可を受けず、将来の公益目的支出計画の実施に支障が生ずるおそれがある （→一般法人に対する立入検査は事前に計画して行うのではなく、上記事態の発生に対応して実施）
勧告→命令の要件	認定取消し事由に該当すると疑うに足りる相当の理由があるとき（認定法第28条）	上記①～③のいずれかに該当すると認めるとき（整備法第129条）
認定／認可取消しの要件等	欠格事由該当、行政庁の命令違反、認定基準不適合、認定法等の法令違反など（認定法第29条）	偽りその他の不正な手段により移行認可を受けたとき（整備法第131条） （※認可取消し→特例民法法人に戻る ～移行期間終了後（平成25年12月以降）は、**みなし解散** （平成21年12月24日（平成26年5月14日一部改訂）内閣府）を参照

※認定法、整備法の該当規定のほか、「監督の基本的考え方」（平成20年11月21日内閣府）、「立入検査の考え方」（平成25年12月以降）は、**みなし解散**

参考資料

8. 一般法人に移行した法人に関する留意事項
～変更認可・変更届出、公益目的支出計画実施報告書等の作成～

【変更認可・変更届出が必要な場合】

<変更認可>（第125条第1項）

公益目的支出計画の変更（軽微なものを除く）がある場合
- 実施事業を行う場所の名称等の変更
- 合併の予定の相手方の名称等の変更
- 各事業年度の公益目的支出計画の額 実施事業収入の額の変更 → 変更届出でり

～支出計画が予定どおり完了しなくなることが明らかな場合 …… 変更認可が必要
～予定どおり完了する見込のない場合 …… 公益目的支出計画実施報告書への記載でり

<変更届出>（第125条第3項）

公益目的支出計画の軽微な変更
（左記参照）
- 法人の名称、主所、代表者の変更
- 定款で残余財産の帰属に関する事項の定め又はその定めの変更
- 定款で法人の存続期間、解散事由の定め又はその変更
- 法人の解散（※別途、残余財産の帰属について認可行政庁の承認が必要（第130条））

【公益目的支出計画実施報告書等の作成・備置・開示、行政庁への提出】

<整備法等の定める備置き書類>

- 公益目的支出計画実施報告書（「別紙2」）（整備法第127条第6項）
  ※何人も閲覧可能
- 計算書類等（法人法第129条、第199条）
  （貸借対照表、損益計算書、事業報告書及びこれらの附属明細書、
  監査報告・会計監査報告）
- 定款（法人法第14条、第32条）
- 社員名簿（法人法第32条）
  ※計算書類等・定款、社員名簿について、社員、評議員、債権者が閲覧可能
  （法人法第129条・第199条（計算書類等）、第14条（定款）、第32条（社員名簿）

提出書
別紙1：法人の基本情報
その他の添付書類
（公益目的支出計画実施報
告書の監査報告 等）

+

定期提出書類
（公益目的支出計画実施報告書等）
事業年度の経過後3か月以内に
行政庁に提出要（整備法第127条第3項）

参考資料

（参考）整備法の罰則規定

6か月以下の懲役又は50万円以下の罰金（第144条）
- 偽りその他不正の手段により移行認可、変更認可を受けた者
- 認可行政庁の命令（第129条）に違反した者

30万円以下の罰金（第146条）
- 移行認可の申請書又は添付書類に虚偽の記載をして提出した者

・行為者に加え、行為者が代表する法人等に対しても罰金刑の適用あり（両罰規定）
・法人の理事・監事・評議員が懲役刑に処された場合、認定法の欠格事由に該当

100万円以下の過料（第149条）
以下に該当する場合の移行法人等の理事、監事、清算人
一 公益目的支出実施報告書に記載すべき事項の不記載・虚偽記載・虚偽報告をしたとき、同報告書を備え置かなかったとき、正当な理由がないのに同報告書の閲覧請求を拒んだとき

50万円以下の過料（第151条）
以下に該当する場合の移行法人等の理事、監事、清算人
一 変更、合併等の届出をせず、又は虚偽の届出をしたとき
一 定期提出書類を提出（第127条第3項）せず、又は虚偽記載をして提出したとき
一 報告徴収（第128条）に対し報告をせず、又は虚偽の報告をしたとき
一 立入検査（第128条）を拒み、妨げ、忌避し、又は質問に答弁せず若しくは虚偽答弁をしたとき

参 考 資 料

<参考資料>

※下記資料は、いずれも「公益法人infomation」(https://www.koeki-info.go.jp/)の「認定・認可されれた法人の皆様へ」の項目に掲載されています。

▲ 監督の基本的考え方 （平成20年11月21日 内閣府）

▲ 立入検査の考え方 （平成21年12月24日（平成26年5月14日一部改訂）内閣府）

▲ 定期提出書類の手引き 公益法人編 （事業計画書、事業報告等を提出する場合）

▲ 変更認定申請・変更届出の手引き 公益法人編 （公益法人が変更認定申請・変更届出をする場合）

▲ 定期提出書類の手引き 移行法人編 （公益目的支出計画実施報告書等を提出する場合）

▲ 変更認可申請・変更届出の手引き 移行法人編 （移行法人が変更認可申請・変更届出をする場合）

▲ FAQ（よくある質問への回答）

▲ 公益法人の各機関の役割と責任 （理事・理事会、監事、会計監査人、評議員・評議員会、社員・社員総会）

265

参考資料

公益法人の各機関の役割と責任
(理事・理事会、監事、会計監査人、評議員・評議員会、社員・社員総会)

内閣府

参考資料

目 次

1. 各機関の責任等に関する事例
   - 事例1：横領事件発生！役員の注意義務は？ 3
   - 事例2：相次ぐ不祥事…各機関の対応は？ 4
   - 事例3：不適正受給分を法人資産から返還…役員の責任は？ 5
2. 公益法人のガバナンスにおける留意事項 6
3. 公益法人三法による法人の各機関の役割と法人との関係 7
4. 理事、監事、会計監査人、評議員の役割と責任の法定化 8
5. 各機関の役割と責任
   - (1) 理事 9
   - (2) 理事会、代表理事 10
   - (3) 監事 11
   - (4) 会計監査人 12
   - (5) 評議員、評議員会 13
   - (6) 社員、社員総会 14

(参考)
- 公益法人のガバナンス・情報開示と監督の概要 15
- 公益認定取消しになる場合 16

(注) 本資料中、カッコ書で示した条番号は、特に明記したもの以外は一般法人法の条項を指します。

268

参考資料

事例1：横領事件発生！役員の注意義務は？
※内閣府における監督事案を基に再構成しています。特定の事案を指すものではありません。

~事案の概要~

- A公益社団法人では、日頃から現金や預金の管理を特定のX職員に任せきりにしていたところ、ある時からX職員が出勤しなくなり、そのまま行方不明になってしまった。
- A法人が預金残高を確認したところ、法人の事業のために積み立てていた数千万円に及ぶ定期預金が引き出されていた。
- X職員は預金通帳も印鑑も一人で管理し、さらには残高証明書も偽造して、10年近くにわたって横領を繰り返していたが、この間、①代表理事や業務執行理事、②その他の理事を含めた理事会、さらには③監事も、誰も見抜くことができなかった。

A公益社団法人
④社員（総会）
↑
②理事会 ← ③監事
↑
①代表理事等
↑
X職員
横領!!

《各機関の責任》

①代表理事等の責任
代表理事や業務執行理事は、法人の業務執行の責任者として、適切な財産管理のために必要な管理者であれば当然払うことが期待される（通常の業務を行っていれば当然払われる）注意義務を怠っていたことと言わざるを得ないでしょう。

②理事会の責任
理事会は、法人の重要な業務執行を決定し、理事長らの職務を監視する役割を担っているのですから、適切な財産管理のための体制を構築し、理事長らに実施させてこなかったことは、理事会としての責任を果たしていなかったと言えます。

③監事の責任
監事は、理事の職務執行の監査や、計算書類の監査を行う立場にありますから、理事のように不十分な財産管理体制にあるA法人において、十分な注意を払って財産管理状況のチェックを行い、必要な指摘をしなかった責任は免れません。

④社員による責任追及
社員は、法人の組織の構成員ですから、会費などで形成された多額の資産が横領被害にあえば、当然、横領行為を行ったX職員だけでなく、理事長、専務理事、その他の理事、監事の上記の責任を追及することになるでしょう。これには法人に生じた損害の賠償責任を含みます。社員は、法人に代わって、いわゆる代表訴訟による責任も追及も可能です。

法人の事業活動について税制優遇を受けている公益法人においては、「盗られてしまったものは仕方ない」では済まされません。このような不祥事事案における責任の所在の明確化は、社会的存在としての公益法人のガバナンスにとって避けることはできません。もし運営の適正化がなされないとすれば、公益法人としての適格性にも疑問が生じます。

269

参考資料

事例2：相次ぐ不祥事… 各機関の対応は？

※ 内閣府における監督案を基に再構成しています。特定の事案を指すものではありません。

～事案の概要～

- B公益財団法人では、公益目的事業における暴力行為の発生、国等からの助成金の不正受給といった不祥事が次々と発覚した。

- これに対し、法人の代表理事や業務執行理事は、暴力問題を加害者と被害者の間の問題に限定的にとらえ、助成金問題についても直接の受給者である法人関係者個人の問題として、公益法人としての事業遂行に関する重要な問題としてとらえることができず、組織的な対応が行われなかった。

- B法人は、暴力問題や助成金問題のため第三者委員会を設置した。第三者委員会の中間報告に対し、代表理事等は反論を行い、報告書の修正を求めたが、理事会はこれを承認していなかった。

- 不祥事自体に加え、代表理事等のこのような対応がさらに社会的批判を招き、公益法人としてのB法人に対する信頼は大きく損なわれた。

B公益財団法人
④評議員会 → ②理事会 → ①代表理事等
③監事
公益目的事業 ← 暴力行為！
国等 → 不正受給！

《 各機関の責任等 》

①代表理事等の責任
代表理事や業務執行理事は、暴力問題や助成金問題への不適切な対応、第三者委員会に対する不適切な反論など、法人の業務執行機関として忠実に職務を執行すべき義務に違反し、職務を怠っていたと言わざるを得ないとします。

②理事会の責任
理事会は、執行部の職務を監視し、代表理事等を解職する権限を持っていますが、不適切な執行部の対応を是正する責務を果たしませんでした。

③監事の責任
監事は、理事の職務執行の監査を行う調査権限や報告義務を有していますが、これに伴う調査権限や対応を指摘し是正を求めるなどの責務を果たしていません。

④評議員会の責任
評議員会は、理事・監事の選任・解任の権限を有し、法人のガバナンス確保のための最高の執行機関ですが、上記のようにそれぞれ職責を怠っている理事、監事、理事会、評議員について、解任を含む問責の行動をとらないとすれば、評議員会としての責任を果たしたとは言えません。

一連の不祥事について、執行部だけでなく、理事、監事、評議員のいずれもその責任を果たしておらず、職務上の義務違反又は職務を怠っていた疑いがあり、責任の追及を受けてもやむを得ないでしょう。

参考資料

事例3：不適正受給分を法人資産から返還… 役員の責任は？

～事案の概要～

- 複数の公益社法人において、国等からの助成金を不適正に受給していた。
- A公益社団法人では、理事及び監事が経理事務を事務局に任せっきりにする中で、助成金の不適正受給が行われた。なお、当該不適正受給は、私的な流用にはされておらず、法人の事業に使用されていた。
- B公益社団法人では、代表理事自らが助成金を集金し、薄外で支出していた。資金は、自己の財布から分離されていない状態であった。その他の理事及び監事は、使途について合理的な説明ができないずさんな状態であったが、代表理事の行為を承知しながら、これを問題視しなかった。
- いずれの事案においても、事案の発覚後、不適正に受給した助成金の全額を国等に対して返還した。

Q 上記のような事案の場合、法人の役員はどのような責任を有するか。

《役員の責任》

- B法人のように、代表理事自らが集金した金銭を、個人の財布と一緒にした上で薄外で支出するなど、個人と法人の会計とが分離されておらず、公益法人としてはもとより、一般社団法人としての法人格が成立しうるとの前提すら成立していません。

- A法人のような場合でも、理事には法人の適切な経理体制を確立する責任があります。受給していたことを看過していた場合には、不適正な管理実態に至っていたことを看過していた場合には、法人のために忠実に職務を執行する義務に違反し、任務を怠っていたと言わざるを得ません。

- 監事には、理事の職務執行を監査する権限と責任があり、理事会に対する報告義務等もあります。理事の不適切な対応を指摘し是正を求めるなどの責務を果たしていない場合には、任務を怠っていたと言わざるを得ません。

- 役員には、適切な経理体制を確立した上で、事業に必要な財源を確保し、法人の経理的基礎を確保する責任があります。法人運営上の役員の責任が果たされなかった結果不適正受給が発生し、公益目的のための資産から不適正受給分の返還が行われた場合には、役員としてその分の法人資産の回復を図る責任があります。

不適正に受給した助成金の場合、本来あるべき収入ではなく、仮に当該助成金の受給がなければ、法人として寄附等の増収に努力するか、事業を見直して費用を節減し、収支を均衡させるのが、法人の役員の責任です。理事及び監事が監査が適切に責任を果たしていれば、国等に助成金の返還を行う必要は生じず、不適正受給額の返還を法人の資産から仮払いした場合には、返還額分を公益目的事業に用いることが可能でした。不適正受給に対する役員の損害賠償責任も定められています（一般法人法111条、公益法人法115条）。

これは、ただし名目による役員による私的流用があった場合であっても、同様です。

※ 内閣府における監督事業は、認定法に再構成している事業が、特定の事業を指すものではありません。

271

参考資料

公益法人のガバナンスにおける留意事項

◆ **国民の信頼あっての公益法人**

公益法人についても、ガバナンスに関するルールは主に一般法人法に定められており、基本的には一般法人と共通です。しかし、公益法人は税制優遇を受けて活動する法人であり、国民の信頼なくしては成り立ちません。このことについて、役員等の関係者が自覚を持っていただくことが重要です。

◆ **公益目的事業とは？ 公益法人の財産とは？**

公益法人の公益目的事業は、不特定かつ多数の者の利益の増進に寄与するものでなければなりません。また、法人の財産は、役員や職員の私産・私物ではなく、特に公益法人の場合は、税制優遇を受けて形成された、いわば国民から託された財産です。

◆ **理事・監事には、事業・財産管理の義務や責任がある**

理事や監事は、報酬の有無にかかわらず、公益法人に対する国民の信頼が確保されるよう、事業や財産の管理を適切に行う必要があります。これは法律上の義務でもあり、これを怠ったことにより法人に損害が発生した場合には、損害賠償などの責任を問われることになります。

◆ **義務違反は、認定取消しの対象になることも**

公益法人は、公益認定法に基づく認定基準に適合し、同法の規定を遵守するだけでなく、一般法人法の定めるガバナンスに関するルールに基づき、法人の各機関がそれぞれの役割を果たす必要があります。

仮に、理事・監事・評議員等の職務上の義務違反等により、法人が一般法人法等に違反すると認められるような状況にある場合には、公益認定法に基づく勧告、命令、最悪の場合は認定取消しの対象となることがありますので、御注意ください。

参考資料

公益法人三法による法人の各機関の役割と責任の法定化

○ 旧民法と異なり、公益法人三法では、公益法人を含む一般法人の各機関の役割や責任を明記しています。これにより、

① 法律の規定に基づき各法人が自律的に運営していくことが可能となりますが、その一方で
② 役割を適切に果たさない役員等は、責任追及の対象となることが法律で定められており、
③ 公益法人の場合、運営が是正されなければ、公益認定の取消しを受ける可能性もあります。

公益法人・一般法人（社団、財団）

```
社員（社団）          評議員（財団）
○○○○○          ○○○○○
○○○○○          ○○○○○
  ↓                  ↓
社員総会（社団）、評議員会（財団）    説明（求めに応じ）    監事※
         ↓ 選任、解任        ←―――    ○○
説明（求めに応じ）                    会計監査人
         ↓                         （大規模法人は必置）
理事  ○○○
  ↓ 選定、解職            監査
理事会※
  ↑ 報告
代表理事※ ○
```

法人の最高議決機関 → 社員総会（社団）、評議員会（財団）

業務執行の決定、理事の職務監視 → 理事会

法人の代表、業務の執行 → 代表理事

理事の職務執行の監査 → 監事

※理事会、代表理事、監事は、公益法人には必置、一般法人にも置くことも可能
（一般財団法人には置がないしも可能、一般社団法人には置が必置）

273

参考資料

理事、監事、会計監査人、評議員と法人との関係

○ 法人とその理事、監事、会計監査人及び（財団法人の）評議員は、委任の関係にあります。(64条、172条1項)

○ 民法の規定(644条)により、委任を受けた者（受任者＝理事・監事・会計監査人・評議員）は、「善良な管理者の注意をもって、委任事務を処理する義務」（＝善管注意義務）を負っています。

○ このため、理事、監事、会計監査人及び評議員は、常勤・非常勤、報酬の有無にかかわらず、その職責に応じた注意義務をもって職務に当たることが求められます。

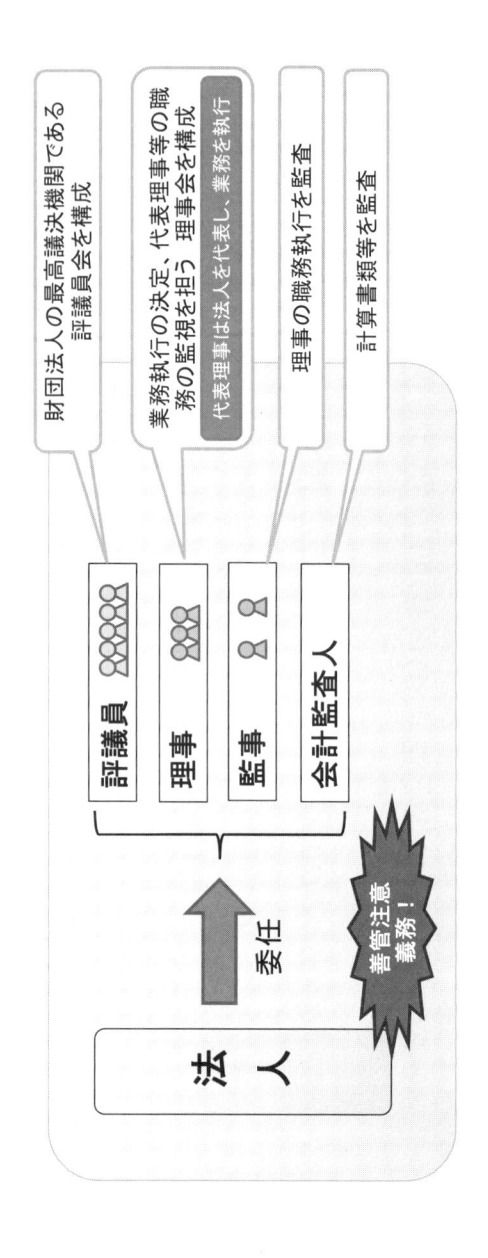

- 評議員：財団法人の最高議決機関である評議員会を構成
- 理事：業務執行の決定、代表理事等の職務の監視を担う理事会を構成
- 代表理事：代表理事は法人を代表し、業務を執行
- 監事：理事の職務執行を監査
- 会計監査人：計算書類等を監査

法人 ← 委任 ← 評議員／理事／監事／会計監査人

善管注意義務！

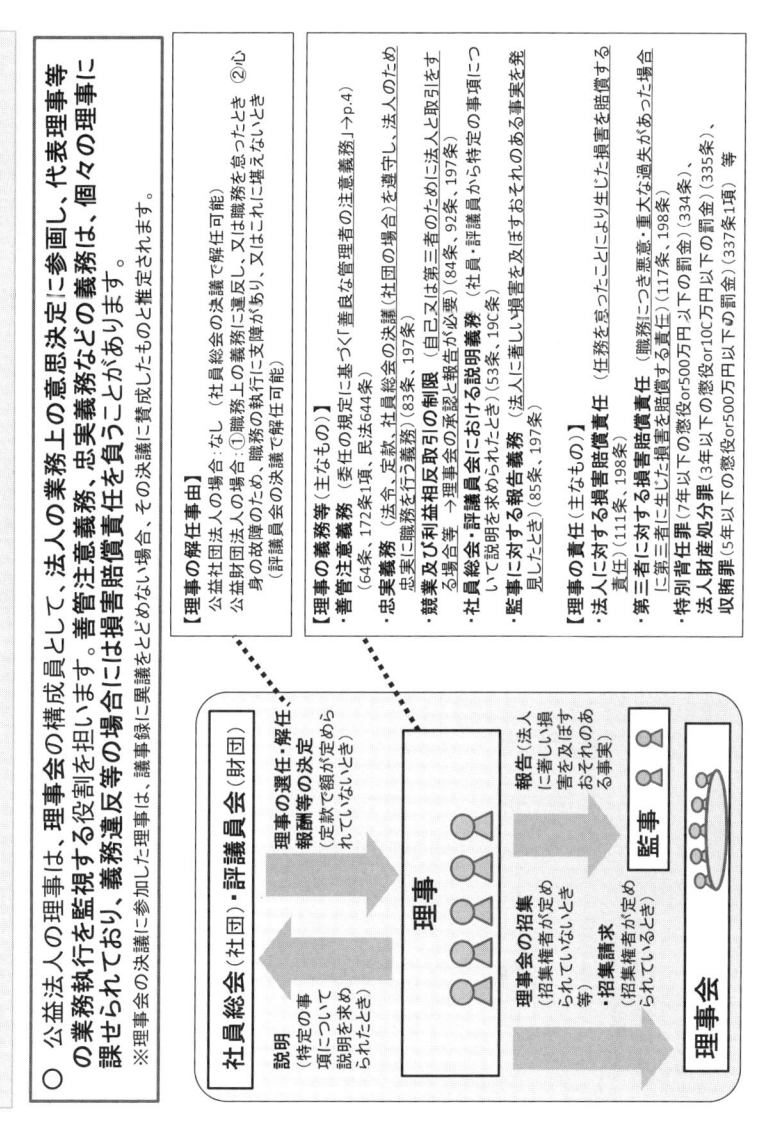

参考資料

理事

○ 公益法人の理事は、理事会の構成員として、法人の業務上の意思決定に参画し、代表理事等の業務執行を監視する役割を担います。理事会の業務執行の決定に参画し、代表理事等の業務執行を監視する役割を担います。善管注意義務、忠実義務などの義務は、個々の理事に課せられており、義務違反等の場合には損害賠償責任を負うことがあります。

※理事会の決議に参加した理事は、議事録に異議をとどめない場合、その決議に賛成したものと推定されます。

【理事の解任事由】
公益社団法人の場合：なし（社員総会の決議で解任可能）
公益財団法人の場合：①職務上の義務に違反し、又は職務を怠ったこと ②心身の故障のため、職務の執行に支障があり、又はこれに堪えないとき（評議員会の決議で解任可能）

【理事の義務等（主なもの）】
・善管注意義務（委任の規定に基づく「善良な管理者の注意義務」→p.4）（64条、172条1項、民法644条）
・忠実義務（法令、定款、社員総会の決議を遵守し、法人のため忠実に職務を行う義務）（83条、197条）
・競業及び利益相反取引の制限（自己又は第三者のために法人と取引をする場合等→理事会の承認が必要）（84条、92条、197条）
・社員総会・評議員会における説明義務（社員・評議員から特定の事項について説明を求められたとき）（53条、19C条）
・監事に対する報告義務（法人に著しい損害を及ぼすおそれのある事実を発見したとき）（85条、197条）

【理事の責任（主なもの）】
・法人に対する損害賠償責任（任務を怠ったことにより生じた損害を賠償する責任）（111条、198条）
・第三者に対する損害賠償責任（職務について悪意、重大な過失があった場合）（117条、198条）
・特別背任罪（7年以下の懲役or500万円以下の罰金）（334条）
・法人財産処分罪（3年以下の懲役or10C万円以下の罰金）（335条）、収賄罪（5年以下の懲役or500万円以下の罰金）（337条1項） 等

社員総会（社団）・評議員会（財団）
→ 理事の選任・解任、報酬等の決定（定款で額が定められていないとき）
→ 理事
← 説明（特定の事項について説明を求められたとき）

理事会の招集（招集権者が定められていないとき）
招集請求（招集権者が定められていないとき）
→ 理事会
← 報告（法人に著しい損害を及ぼすおそれのある事実）
監事

275

参考資料

理事会、代表理事

○ 理事会は、法人の業務執行を決定し、理事の職務執行を監督するとともに、代表理事を選定・解職する権限を持っています。代表理事がその職務上の義務に違反し又は職務を怠っている等の場合には、解職権限を適切に行使することも理事会の責務です。

※公益財団法人は一般社団法人法の規定により、公益社団法人は公益認定法の認定基準により、理事会は必置の機関です。

○ 代表理事は、法人を代表し、業務の執行に当たる役割を担っています。

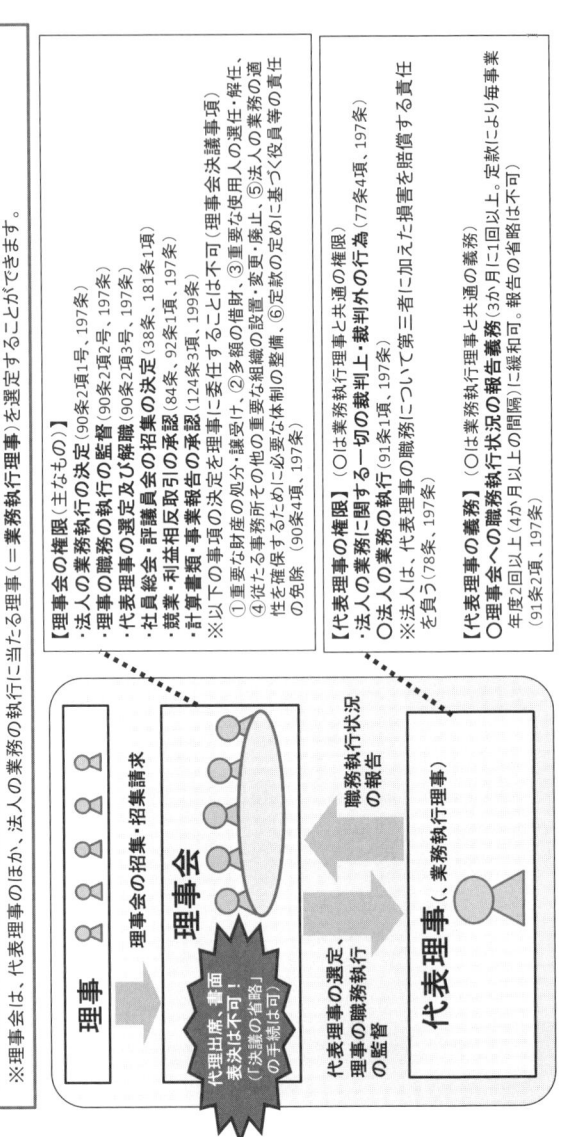

※理事会は、代表理事のほか、法人の業務の執行に当たる理事(=業務執行理事)を選ぶことができます。

【理事会の権限（主なもの）】
・理事の業務執行の決定 (90条2項1号、197条)
・理事の職務の執行の監督 (90条2項2号、197条)
・代表理事の選定及び解職 (90条2項3号、197条)
・社員総会・評議員会の招集の承認 (38条、181条1項)
・競業・利益相反取引の承認 (84条、92条1項、197条)
・計算書類・事業報告の承認 (124条3項、199条)
※以下の事項の決定を理事に委任することは不可 (理事会決議事項)
　①重要な財産の処分・譲受け ②多額の借財 ③重要な使用人の選任・解任
　④従たる事務所その他の重要な組織の設置・変更・廃止 ⑤法人が使用人の適正を確保するために必要な体制の整備 ⑥定款の定めに基づく役員等の責任の免除 (90条4項、197条)

【代表理事の権限】（○は業務執行理事と共通の権限）
・法人の業務執行に関する一切の裁判上・裁判外の権限 (77条4項、197条)
○法人の業務の執行 (91条1項、197条)
※代表理事は、代表理事について第三者に加えた損害を賠償する責任を負う (78条、197条)

【代表理事の義務】（○は業務執行理事と共通の義務）
○自己の職務執行状況の報告業務 (3か月に1回以上、定款により毎事業年度2回以上 (4か月以上の間隔)に短縮可。報告の省略は不可) (91条2項、197条)

理事 👤👤👤👤👤
　　→ 理事会の招集
　　　理事会 👤👤👤👤👤
　　　　代理出席、書面
　　　　表決は不可！
　　　　(決議の省略)
　　　　の手続きは可)
代表理事の選定、
理事の職務執行の監督
　　　　　　　　↓ 職務執行状況
　　　　　　　　　の報告
代表理事 (、業務執行理事)

監事

○ 監事は、理事の職務の執行を監査します。このために、監事には各種の権限が付与され、また、義務が課されています。監事が複数いる場合でも、その権限は各監事が独立して行使でき、義務は各監事がそれぞれ負うことになります。

※公益財団法人・一般法人法の規定により、公益社団法人は公益認定法の認定基準により、監事は必置の機関です。

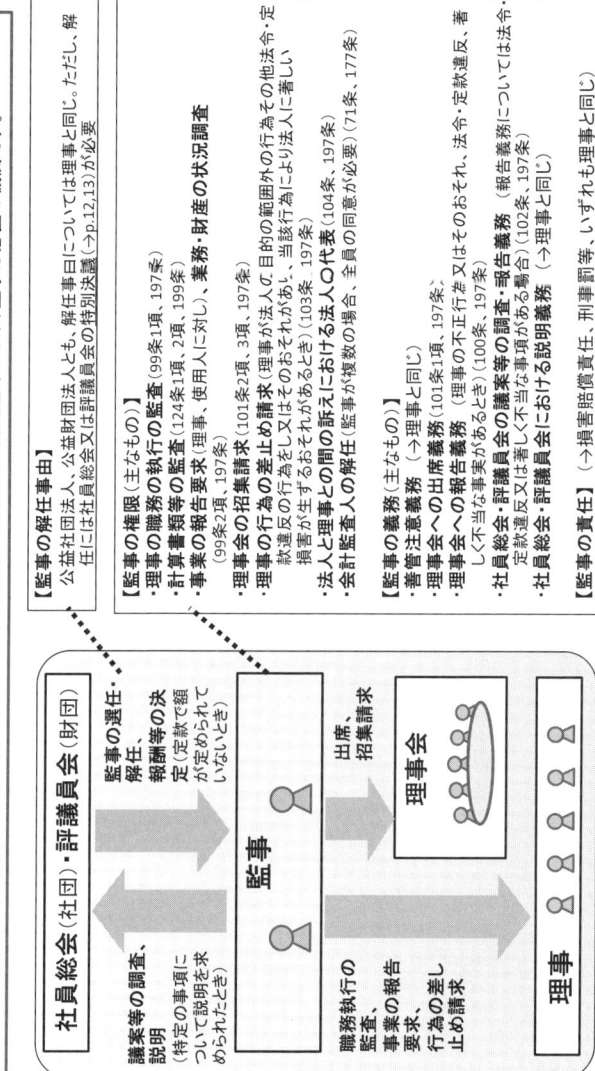

【監事の解任事由】
公益社団法人、公益財団法人とも、解任事由については理事と同じ。ただし、解任には社員総会又は評議員会の特別決議（→p.12,13）が必要

【監事の権限（主なもの）】
- 理事の職務の執行の監査（99条1項、197条）
- 計算書類等の監査（124条1項、2項、199条）
- 事業の報告要求（理事、使用人に対し、業務・財産の状況調査（99条2項、197条）
- 理事会の招集請求（101条2項、3項、197条）
- 理事の行為の差止め請求（理事が法人の目的の範囲外の行為その他法令・定款違反の行為をしまたはこれらの行為をするおそれがあり、当該行為により法人に著しい損害が生ずるおそれがあるとき）（103条、197条）
- 法人と理事との間の訴えにおける法人の代表（104条、197条）
- 会計監査人の解任（監事が複数の場合、全員の同意が必要）（71条、177条）

【監事の義務（主なもの）】（→理事と同じ）
- 善管注意義務
- 理事会への出席義務（101条1項、197条）
- 理事会への報告義務（理事の不正行為又はそのおそれ、法令・定款違反、著しく不当な事実があるとき）（100条、197条）
- 社員総会・評議員会の議案等の調査・報告義務（報告義務については法令・定款違反又は著しく不当な事項がある場合）（102条、197条）
- 社員総会・評議員会における説明義務（→理事と同じ）

【監事の責任】（→損害賠償責任、刑事罰等、いずれも理事と同じ）

社員総会（社団）・評議員会（財団）
→ 監事の選任・解任、報酬等の決定（定款で額が定められていないとき）

監事
→ 出席、招集請求 → 理事会 → 理事

議案の調査、説明（特定の事項について説明を求められたとき）

職務執行の監査、事業の報告要求、行為の差止請求

参考資料

会計監査人

○ 会計監査人（公認会計士又は監査法人）は、計算書類等の監査を行います。会計監査人が置かれる法人では、計算書類（及びその附属明細書）は、理事会の承認を受ける前に、会計監査人による二重の監査を受けることになります。
※毎事業年度における①損益計算書上の収益が1000億円以上、②損失計算書上の費用・損失が1000億円以上、③貸借対照表上の負債が50億円以上ある公益法人においては、公益認定法の認定基準により、会計監査人が必置とされています。

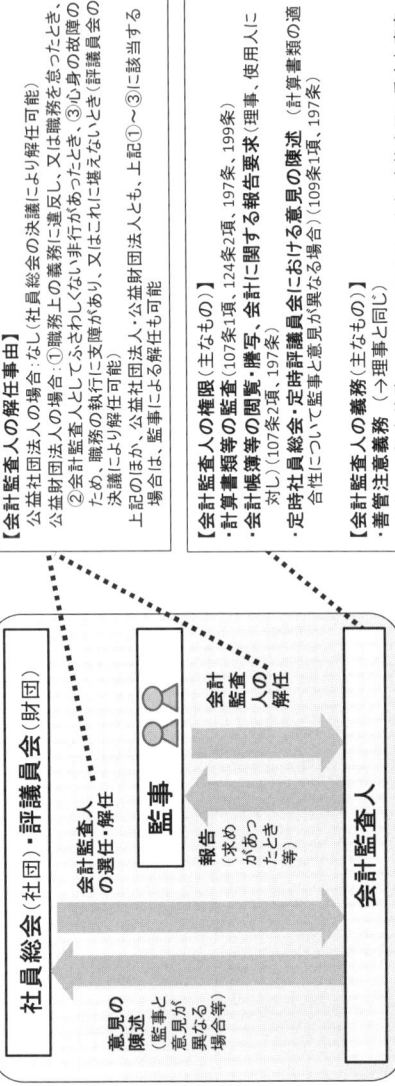

【会計監査人の権限等の監査】
公益社団法人の場合：なし（社員総会の決議により解任可能）
公益財団法人の場合：①職務上の義務に違反し、又は職務を怠ったとき、②会計監査人としてふさわしくない非行があったとき、③心身の故障のため、職務の執行に支障があり、又はこれに堪えないとき（評議員会の決議により解任可能）
上記のほか、公益社団法人・公益財団法人とも、上記①～③に該当する場合は、監事による解任も可能

【会計監査人の権限（主なもの）】
・計算書類等の監査（107条1項、124条2項、197条、199条）
・会計帳簿等の閲覧・謄写（107条2項、197条）
・会計監査人に関する報告要求（理事、使用人に対し）（107条2項、197条）
・定時社員総会・定時評議員会における意見の陳述（計算書類の適合性について監事と意見が異なる場合）（109条1項、197条）

【会計監査人の義務（主なもの）】（→理事と同じ）
・善管注意義務
・監事への報告義務
（理事の不正行為、法令・定款違反の重大な事実を発見したとき、監事からの求めがあったとき）（108条、197条）
・定時社員総会・定時評議員会における意見の陳述（109条2項、197条）
（定時社員総会・定時評議員会の出席を求める決議があったとき）

社員総会（社団）・評議員会（財団）
　　会計監査人の選任・解任
　　意見の陳述（監事と意見が異なる場合等）

監事
　報告（求めがあったとき等）
　会計監査人の解任

会計監査人

【会計監査人の責任】
（→損害賠償責任については理事と同じ。刑事罰については、贈収賄罪（第337条）は適用あり。）

参考資料

評議員・評議員会

○ 評議員は、公益(一般)財団法人の最高議決機関である評議員会の構成員です。

○ 評議員会は、法人の基本的な業務執行体制(理事・監事等の選任・解任)や業務運営の基本ルール(定款の変更)を決定するとともに、計算書類等の承認を通じて、法人運営が法令や定款に基づき適正に行われているかを監視する役割を担っています。理事や監事がその職務上の義務に違反し又は職務を怠っている場合には、解任権限を適切に行使することも評議員会の責務です。

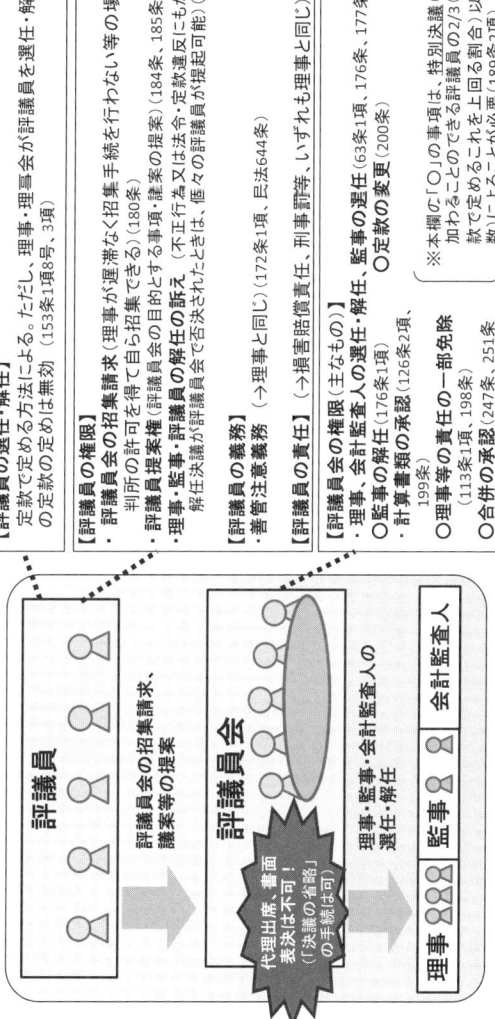

【評議員の選任・解任】
定款で定める方法による。ただし、理事・理事会が評議員を選任・解任する旨の定款の定めは無効(153条1項6号、3項)

【評議員会の権限】
- 評議員会の招集請求(理事が遅滞なく招集手続を行わない等の場合は、裁判所の許可を得て自ら招集できる)(180条)
- 評議員・監事・評議員会の解任(評議員会の目的とする事項、議案の提案)(184条、185条)
- 理事・監事・評議員会の解任(不正行為又は法令・定款違反にもかかわらず、解任決議が評議員会で否決されたときは、個々の評議員が提起可能)(284条)

【評議員の義務】
善管注意義務 (→理事と同じ)(172条1項、民法644条)

【評議員の責任】(→損害賠償責任、刑事罰等、いずれも理事と同じ)
- 理事・監事、会計監査人の選任・解任、監事の選任(63条1項、176条、177条)
- 計算書類の承認(126条2項、199条)
- 理事の責任の一部免除(113条1項、198条)
- 合併の承認(247条、251条1項、257条)
- 定款の変更(200条)

※本欄の「○」の事項は、特別決議(議決に加わることのできる評議員の2/3(又は定款で定めるこれを上回る割合)以上の多数によることが必要(189条2項)

評議員
評議員会の招集請求、議案等の提案

評議員会
代理出席、書面表決は不可!
(「決議の省略」の手続は可)

理事・監事・会計監査人の選任・解任

理事 監事 会計監査人

279

社員・社団総会

○ 社員は、公益（一般）社団法人の基本的な構成要素です。最高議決機関である社員総会の構成員としての役割のほか、代表訴訟等を通じて理事・監事等の責任を追及することができます。

○ 公益社団法人（※理事会必置）や業務運営の基本ルール（定款の変更）を決定するとともに、計算書類の承認など法人運営における社員総会は、法人の基本的な業務執行体制（理事・監事等の選任・解任）を、法人運営が法令や定款に基づき適正に行われているかを監視する役割を担っています。

○ 理事や監事がその職務上の義務に違反して職務を怠っている場合には、解任権等を適切に行使することも社員総会の責務です。

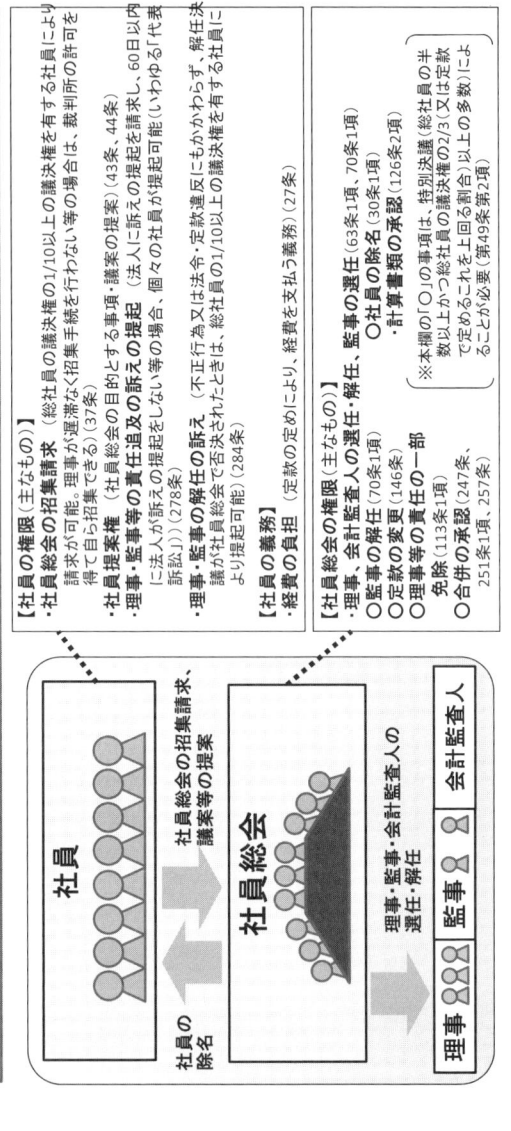

【社員総会の権限（主なもの）】
・社員総会の招集請求（総社員の議決権の1/10以上の議決権を有する社員により請求が可能。理事が遅滞なく招集手続を行わない等の場合は、裁判所の許可を得て自ら招集できる）(37条)
・社員の議案権（社員総会の目的とする事項の議案の提案）(43条、44条)
・理事・監事の責任追及の訴えの提起（法人に訴えの提起を請求し、60日以内に法人が訴えを提起しない等の場合、個々の社員が提起可能（いわゆる代表訴訟））(278条)
・理事・監事の解任の訴え（不正行為又は法令・定款違反にもかかわらず、解任決議が社員総会で否決されたときは、総社員の議決権の1/10以上の議決権を有する社員により提起可能）(284条)

【社員の義務】
・経費の負担（定款の定めにより、経費を支払う義務）(27条)

【社員総会の権限（主なもの）】
○理事、会計監査人の選任・解任、監事の選任(63条1項、70条1項)
○監事の解任(70条1項)
○定款の変更(146条)
○理事等の責任の一部免除(113条1項)
○計算書類の承認(126条2項)
○合併の承認(247条、251条1項、257条)

※本欄の「○」の事項は、特別決議（総社員の半数以上かつ総社員の議決権の2/3（又は定款で定めるこれを上回る割合）以上の多数による）ことが必要(第49条第2項)

（図：社員 → 社員総会 ← 社員総会の招集請求、議案等の提案、社員の除名、理事・監事・会計監査人の選任・解任 / 理事 監事 会計監査人）

280

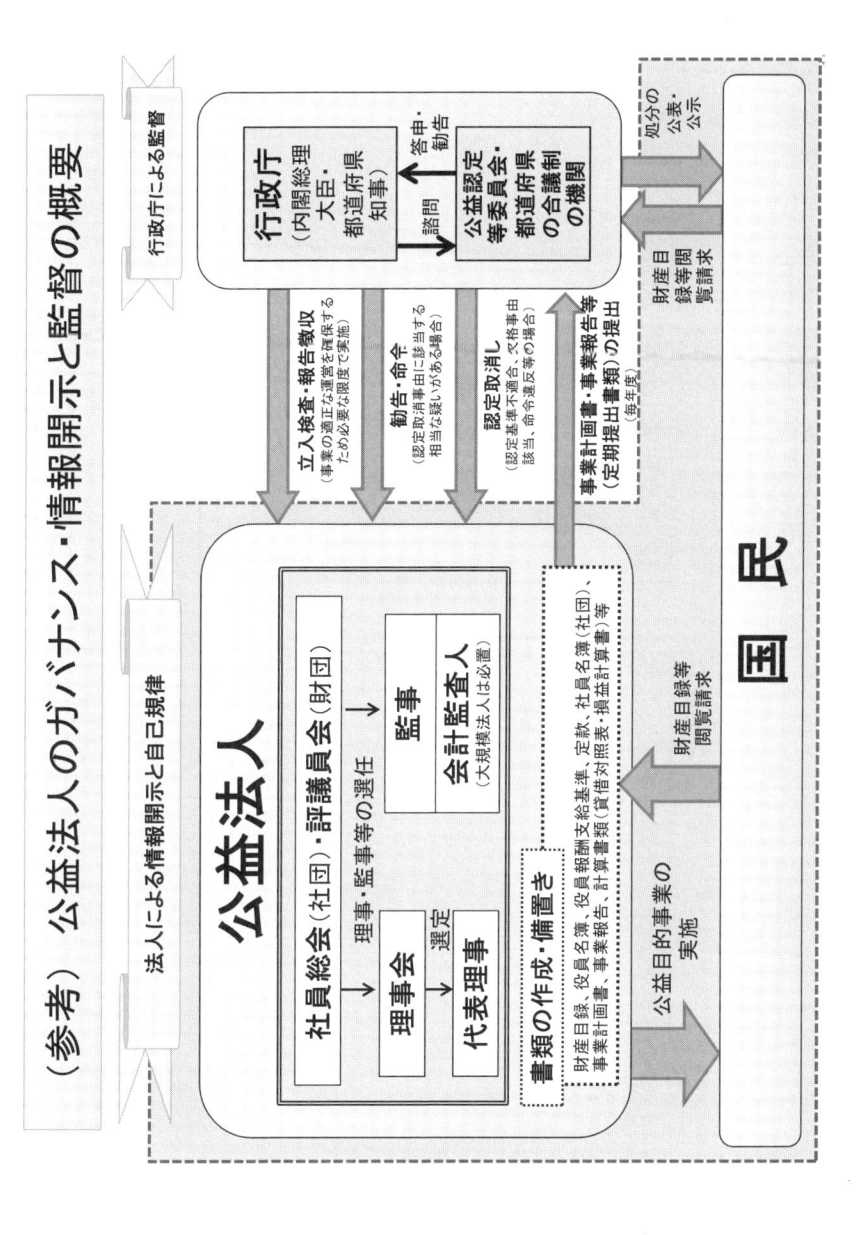

参考資料

（参考）公益法人のガバナンス・情報開示と監督の概要

行政庁による監督

行政庁
（内閣総理大臣・都道府県知事）

諮問 ↔ 答申・勧告

公益認定等委員会・都道府県の合議制の機関

- 立入検査・報告徴収（事業の適正な運営を確保するため必要な限度で実施）
- 勧告・命令（認定取消事由に該当する相当な事由がある場合）
- 認定取消し（認定基準不適合、欠格事由該当、命令違反等の場合）
- 事業計画書・事業報告書等（定期提出書類）の提出（毎年度）

法人による情報開示と自己規律

公益法人

- 社員総会（社団）・評議員会（財団）
  - 理事・監事等の選任
- 理事会
  - 選定
- 代表理事
- 監事
- 会計監査人（大規模法人は必置）

書類の作成・備置き
（財産目録、役員名簿、役員報酬支給基準、社員名簿（社団）等、事業計画書、事業報告、計算書類（貸借対照表・損益計算書）等）

公益目的事業の実施

国 民

- 処分の公表・公示
- 財産目録等閲覧請求
- 財産目録等閲覧請求

281

参考資料

（参考）公益認定取消しになる場合

(注) 本ページ内のカッコ書きで示した条番号は、いずれも公益認定法の条項を指します。

(1) 必ず認定取消しになる場合 (29条1項)

① 欠格事由 (6条) に該当するに至ったとき

欠格事由の例：
- 理事、監事、評議員のうちに禁錮以上の刑（認定法違反等の場合は罰金刑も含む）に処せられた者がいる (1号ロ、ハ)
- 定款や事業計画書の内容が法令や法令に基づく行政機関の処分に違反している (3号)
- 事業を行うに当たり法令上必要な行政機関の許認可等を受けることができない (4号)
- 国税、地方税の滞納処分が執行されている (5号)
- 暴力団員等が事業活動を支配している (6号)

② 偽りその他不正の手段により公益認定、変更認定等を受けたとき

③ 正当な理由なく、行政庁の命令 (28条3項) に従わないとき

④ 法人から公益認定取消しの申請があったとき

(2) 認定取消しになりうる場合 (29条2項)

① 認定基準 (5条1号～18号) のいずれかに適合しなくなったとき

② 認定法14条～26条の規定を遵守していないとき

遵守すべき規定の例：
- 収支相償 (14条)
- 公益目的事業比率 (15条)
- 遊休財産規制 (16条)
- 寄附の募集に関する禁止行為 (17条)
- 公益目的事業財産の使用、処分 (18条)
- 収益事業等の区分経理 (19条)
- 役員報酬等の支給 (20条)
- 財産目録等の備置き、閲覧 (21条)
- 事業計画書、事業報告等の提出 (22条)

③ 上記のほか、法令又は法令に基づく行政機関の処分に違反したとき

→ 一般法人法違反も含まれます！

⇩

認定取消し

基本的には、直ちに認定取消しということではなく、まずは法人に対し是正を求めていくこととなる（必要に応じ、勧告・命令 → 従わない場合は(1)③へ）

参考資料

事例から学ぶ
財産管理

～ある日、あっ！と驚かないために～

内閣府
公益認定等委員会

参考資料

財産管理のポイント その①

これまでも公益認定等委員会だよりや公益法人informationを通して、法人の財産管理のポイントをお知らせしていますが、今回から何回かシリーズとして、横領事件や不適切な会計処理の事例に即して、発生原因と対策について紹介いたします。

■A社団法人のケース

法人職員（事務長）により、10年以上の長期にわたり継続的に総額1億円以上を横領された。

- 横領財産は、特定資産として管理していた定期預金及び普通預金
- 銀行届出印は金庫で保管され、金庫の鍵は事務局長（理事）において保管されていたものの、職員は合鍵を作製し、事実上自由に金庫にアクセスできた。
- 銀行からの残高証明書は、職員によってその残高を偽造されていた。
- 職員は、事件発覚後失踪し、損失額の回復は図られていない。

発生原因

▲財産管理の方法が不適当であった。

銀行届出印は法人内の金庫に保管されており、当該金庫の鍵は事務局長が保管していたものの、横領をした職員が合鍵を作っていた。定期預金や普通預金の通帳等の証書類と銀行届出印が同じ金庫に保管されていた。以上の状況から、横領した職員は容易に金庫を開け、自由に定期預金の解約や普通預金の引き出しができる状況になっていた。

▲帳簿上の残高と預金の実際の残高の照合作業が不適当であった。

決算手続として、帳簿残高と預金残高の照合を行う必要があるが、預金残高を確かめるため預金通帳、定期預金証書や残高証明書との照合作業が十分に実施されていなかった。また、監事は監査の手続として同様の手続を自ら実施すべきであったが、実施されていなかった。

対策

■財産管理方法の見直し

通帳、預金証書と銀行届出印は同一場所で保管しない。

預金の解約や引き出しは、通帳と証書と銀行届出印がそろえば可能となる。窃盗や横領を目的として、通帳や証書を得ることができても、銀行届出印がない場合には、お金を引き出すことはできない。通帳・証書等と銀行届出印の保管場所を変えることで、同時に盗難にあうのを防止する。

■決算及び監査の適正実施

日常の会計処理は、契約書、領収書と会計伝票に基づいて行われるが、資産の紛失や盗難など取引を伴わない事象については把握されない。

このため、会計帳簿と実際の資産の状況にズレが生じている場合がある。そのズレを識別するために、重要な資産である預金通帳や預金証書の現物を確認したり、金融機関から残高証明書を財務担当の理事や監事が直接入手して、帳簿残高が本当に実在しているかどうかを確認する。

このように経理担当の職員を横領や不正を起こせる環境におくことは避ける必要があります。財産管理方法や財産のチェック方法を工夫することによって、健全な環境整備をする必要があります。

参考資料

財産管理のポイント その②

今回は、複数の支部を抱える公益社団法人で実際に発生した横領事件を題材に、支部の財産管理方法について考えてみたいと思います。

■B社団法人のケース

B法人は、本部以外に全国に多数の支部を有する公益社団法人。多くの職員を抱える比較的大規模な法人。

C支部の経理係長が、不正な経理操作をすることにより支部の財産を横領

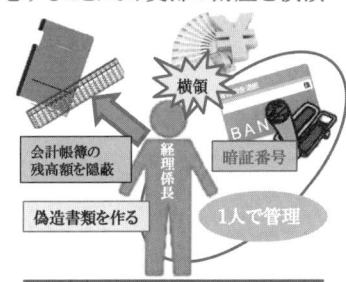

- 横領
- 会計帳簿の残高額を隠蔽
- 偽造書類を作る
- 経理係長
- 暗証番号
- 1人で管理

出納担当者と経理担当者が同じ

- 各支部に経理担当職員を配置し、日常的な出納・経理業務は支部ごとに実施。
- 横領は数年間にわたり、横領された金額も計数千万円に及んだ。
- 経理係長は、横領財産を遊興費に浪費し、法人は損害賠償訴訟をするも、回復の見込みはない。

⚠ 発生原因

▲帳簿上の残高と預金の実際の残高の照合作業が不適当であった。

事業の対価収入として受領した現金の一部を横領し、横領額と同額を未収入金として経理処理することで会計帳簿上は隠蔽操作していた。架空の未収入金を積み上げることで、結果として未収入金残高が異常に多額となったが、法人はこの原因について、十分な調査をしなかった。未収入金を使った隠蔽が困難になったのちも横領を続け、今度は預金不足額を隠蔽するため、残高証明書を偽造し、帳簿残高と帳尻を合わせていた。それによって損害額は拡大した。

▲財産管理の方法が不適当であった。

通帳と銀行届出印やキャッシュカード（暗証番号も含む。）の管理は事実上経理係長に委ねられており、横領を誘発する状況があった。

▲出納担当者と経理担当者が同一人であったことから、出納結果を正しく記帳せず、横領を隠蔽することが容易であった。

👉 対策

■法人では、預金管理規程において、通帳と銀行届出印等の別保管や出納前後の会計伝票の支部責任者の承認等のチェック体制について定められていた。

規定通りの運用をしていれば、本件のような横領は未然に防げた可能性が高い。内部統制に関するルールの遵守について支部長や理事等の管理者の意識改革が必要である。また、残高証明書の偽造を見破るのは困難な場合もあるため、例えば残高証明書を本部の財務担当理事が直接入手するという方法で、偽造できないようにするなど、リスクを低減させる方法を採用する必要がある。

■異常点発見後の深度のある調査の実施

各支部は本部の監査部門から定期的に監査を受けることとなっている。C支部はその定期監査において、未収入金の異常な残高について指摘を受けていた。その際に十分な原因分析を行っていれば、事件の早期発見につながったのではないか。支部等を多く抱える法人の場合、支部の個々の業務状況について本部では目の届かない点も多い。監査部門の監査のみならず、監事監査も含めて、異常点については徹底して原因分析をするといった深度のある調査を実施すべきである。

先月号でも記載しましたが、経理担当の職員を横領や不正を起こさせる環境におくことは避ける必要があります。支部を持つ法人の場合、職員の顔が見えない分、内部管理方法の規程化、運用の徹底が強く求められます。

285

参考資料

財産管理のポイント その③

今回は、理事・監事の責任を再認識していただきたいと思います。ずさんな管理体制が招いた横領事件を紹介します。

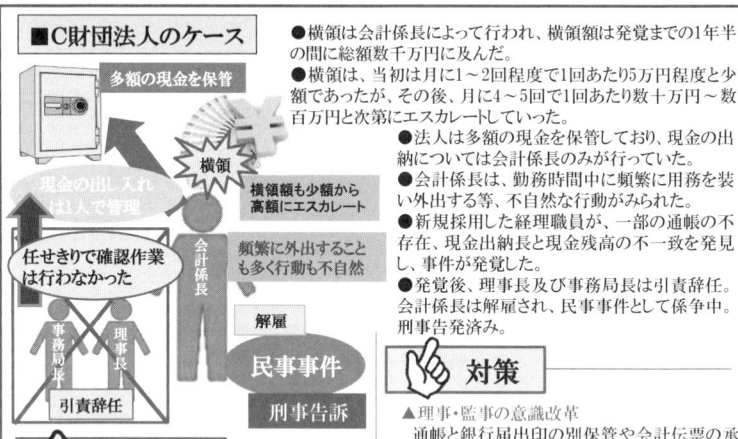

■C財団法人のケース

- 多額の現金を保管
- 現金の出し入れは1人で管理
- 任せきりで確認作業は行わなかった
- 横領額も少額から高額にエスカレート
- 頻繁に外出することも多く行動も不自然
- 会計係長
- 事務局長・理事長 引責辞任
- 解雇／民事事件／刑事告訴

- ●横領は会計係長によって行われ、横領額は発覚までの1年半の間に総額数千万円に及んだ。
- ●横領は、当初は月に1～2回程度で1回あたり5万円程度と少額であったが、その後、月に4～5回で1回あたり数十万円～数百万円と次第にエスカレートしていった。
- ●法人は多額の現金を保管しており、現金の出納については会計係長のみが行っていた。
- ●会計係長は、勤務時間中に頻繁に用務を装い外出する等、不自然な行動がみられた。
- ●新規採用した経理職員が、一部の通帳の不存在、現金出納長と現金残高の不一致を発見し、事件が発覚した。
- ●発覚後、理事長及び事務局長は引責辞任。会計係長は解雇され、民事事件として係争中。刑事告発済み。

⚠ 発生原因

▲実質的には、財産管理がなされていなかった
　法人は、公益認定に際して財産管理規程や印章管理規程を整備したが、規定通りに運用されていなかった。事務局長から全幅の信頼を寄せられた会計係長に、すべて一任の状態が継続していた。
　現金、通帳、銀行届出印は金庫にまとめて保管されており、かつ、金庫の鍵の管理は会計係長に任されていた。
　事務局長は、銀行取引結果についての確認や現金実査などに関与せず、会計係長への牽制がなかった。

▲多額の現金が法人内の金庫に保管されていた
　多額の現金が保管されていたことにより、会計係長が現金に直接触れる機会があり、横領の誘発する状況があった。

▲理事・監事等の役員の当事者意識の欠如
　決算に当たって、理事・監事は、現金の実査や通帳、残高証明書を確認することなく決算内容の確認や監査を実施していたため、横領の発見ができなかった。

☞ 対策

▲理事・監事の意識改革
　通帳と銀行届出印の別保管や会計伝票の承認体制、現金実査、残高証明書と会計帳簿の照合などの内部牽制のしくみについて、費用対効果の視点も加味した上で、整備運用・監視する責任は理事・監事にあります。職員任せにすることなく、理事・監事は、内部管理上のリスクを認識して、効果的、効率的な管理方法を確立する必要があります。

▲多額の現金を法人内で保管しない
　法人内での現金保管は、小口経費等の必要な額にとどめ、銀行取引を活用する必要があります。法人で保管する場合に比べ、横領や盗難のリスクが軽減されます。また、通帳記帳を通して、取引履歴が確認でき、会計帳簿への記帳や監査の際に取引の検証が可能となります。

今回の事例では、法人の極めてずさんな財産管理体制を逆手にとった経理係長の横領が次第にエスカレートしていく様子がうかがえます。
法人の財産は、法人の事業に賛同する寄附者等から託された財産です。理事・監事はこのことを肝に銘じ、横領等の不正を未然に防止するための管理体制のあり方について、今一度見直す必要があると考えます。

参考資料

Check Point! 対策事項の例

財産の管理方法

○現金を使用する職員には、経理担当者の事前承認の上、その都度必要な額を渡すこと

○法人内で保管する現金は日頃必要な小口経費にとどめ、銀行取引を活用すること

● 職員が多額の現金に接触する機会を減らすことで、盗難・横領の危機を減らす。
● 銀行通帳に取引履歴が記帳されることで、後に現金の出入りを検証することができる。
● 「既に発注した」とする不適切な契約を防止。

大口と小口を分けることで、いざという時のリスクを最小限にすることができます！

☞ 職員を横領や不正を起こしやすい環境に置かないことが重要

○経理担当と金庫管理担当は別々に指定すること

● 経理担当職員による容易・頻繁な法人財産への接触及び不正経理を防止
● 業務上の必要がない職員による法人財産への接触及び合鍵の作製を防止

「面倒だから」などと言って、鍵を預けっ放しにしてはいけません！

○通帳・証書等と銀行届出印を分けて保管すること

● 通帳・証書等が同時に盗まれることを防ぎ、万一の盗難発生時にも、実際にお金が引き出されることを防止。（預金の解約や引き出しには、通帳や証書と印鑑の双方が必要）

通帳と印鑑の金庫を分けても、2つの鍵を同じ人に預けてはいけません！

チェック体制の整備

○財産管理の規程や仕組みを作ったままにせずに、役員が実際の運用に関与すること。

○役員は、財産管理への責任を認識し、財産の管理状況（取引結果等）を直接監査・確認すること。

● 法人職員に制度が周知徹底され、財産管理の実効性が上がる。
● 役員が直接管理確認をすることが、経理担当職員に対する牽制効果ともなる。

法人の被害を防ぐことは、役員の損害賠償責任の発生防止にもつながります！

○経理担当者は、定期的に通帳を記帳し、出入金及び残高を確認するとともに、取引経緯の記録を徹底すること。

○経理担当者は、経費により購入したものが実在するか確認すること。

● 預金通帳・証書や現金の実物を実際に確認し、コピーによる偽造を防止する。
● 架空取引を防止する。

偽造コピーを避けるには、金融機関から直送を受けた残高証明を開封して、確認します！

通帳は定期的に記帳しないと、合算記帳されてしまいます！

☞ 横領や不正経理は、少額から始まり、長期にわたり累積する事例が多い。早期の発見が被害の拡大を防ぐ上で重要

おわりに…

　公益法人の財産は、公益目的事業を行うための重要な元手です。財産をしっかり管理し、不特定多数の人の利益のために使っていくことが、公益法人の存在意義です。財産を失えば、公益のための事業が実施できなくなります。

　公益法人は、社会の不特定多数の人のために公益目的の事業を行う善意の存在ですが、**国民の信頼あってこそ税制優遇を受けています。財産管理が、特定の人に任せきりとなり、ずさんとなってはいけません。**

　何か起きてから、「信頼していたのに」、「裏切られた」というのでは、公益法人の役員として責任ある行動を取ったことにはなりません。

　そもそも職員を不正をおこしやすいような環境に置かないことが重要です。職員を「信頼」していればこそ、職員等が間違いを起こさず、心置きなく仕事をすることができるような環境と仕組みをつくることが重要です。

　横領や不正行為は、少額から始まり、発見されないことで長期化し、累積していきます。**チェック体制をきちんとする**ことで、早期に発見すれば、法人の被害の拡大を防ぎ、不正をした人の人生の破綻を防ぎ、そして、役員としての損害賠償責任の発生を抑えることにつながります。・・・「信頼」すればこそ。**国民のため、法人のため、役職員のため、財産管理をしっかりしましょう。**

　「情けは人のためならず」です。

著者紹介

中村　元彦（なかむら　もとひこ）
経歴等
　昭和63年慶應大学経済学部卒業。平成２年から平成15年まで太田昭和監査法人（現：新日本有限責任監査法人）に勤務し，平成15年に独立開業。公益法人を含む税務・会計・コンサルティング業務，外部監査（地方公共団体），システムコンサルティング，株式公開業務等の業務を行っている。
公職：千葉商科大学大学院会計ファイナンス研究所准教授，日本公認会計士協会専務理事，情報処理技術者試験委員　等
資格：公認会計士，税理士

中村友理香（なかむら　ゆりか）
経歴等
　平成３年東京大学経済学部卒業。平成３年から平成９年まで太田昭和監査法人（現：新日本有限責任監査法人）に勤務し，平成10年に独立開業。非営利法人（学校法人，公益法人等）を中心とした会計監査，非営利法人を含む税務・会計・コンサルティング業務，その他人事労務管理コンサルティング等にも従事している。
公職：元日本公認会計士協会東京会学校法人委員会委員，元日本公認会計士協会東京会非営利法人委員会委員
資格：公認会計士，税理士，社会保険労務士

寺内　正幸（てらうち　まさゆき）
経歴等
　平成10年札幌大学経営学部卒業。平成12年税理士試験合格。社団・財団法人，NPO法人，医療法人，社会福祉法人等の非営利法人を含む税務・会計業務や相続税・贈与税の資産税業務，企業再生案件や組織再編業務にも関与している。
資格：税理士

税理士法人　舞
上場企業をはじめ，非営利法人等の税務業務にも幅広く関与。会計・税務の両方の知識から顧問先をサポートしています。
　（東京事務所）〒107-0062
　東京都港区南青山２-２-15ウィン青山1025
　（埼玉事務所）〒330-0064
　埼玉県さいたま市浦和区岸町７-１-４細田屋ビル３階
　ホームページ　http://homepage2.nifty.com/my-naka/

著者との契約により検印省略

平成20年11月1日　初　版第1刷発行	目からウロコの
平成27年6月10日　改訂版第1刷発行	**公益法人100問100答**

制度・会計・税務
〔改訂版〕

		中　村　元　彦
著　者		中　村　友理香
		寺　内　正　幸
発 行 者		大　坪　嘉　春
印 刷 所		税経印刷株式会社
製 本 所		株式会社　三森製本所

発 行 所	〒161-0033 東京都新宿区 下落合2丁目5番13号	株式 会社　**税務経理協会**
	振　替 00190-2-187408	電話 (03)3953-3301（編集部）
	ＦＡＸ (03)3565-3391	(03)3953-3325（営業部）

URL http://www.zeikei.co.jp/
乱丁・落丁の場合は、お取替えいたします。

© 中村元彦・中村友理香・寺内正幸　2015　　　　Printed in Japan

本書の無断複写は著作権法上での例外を除き禁じられています。複写される場合は、そのつど事前に、（社）出版者著作権管理機構（電話 03-3513-6969，FAX 03-3513-6979, e-mail : info@jcopy.or.jp）の許諾を得てください。

JCOPY ＜（社）出版者著作権管理機構 委託出版物＞

ＩＳＢＮ９７８－４－４１９－０６２０２－６　Ｃ３０３２